礼物

小名人故居

高小龙 著　穆力兵 绘

文化发展出版社
Cultural Development Press

·北京·

图书在版编目（CIP）数据

历史的礼物:北京名人故居/高小龙著;穆力兵绘. —北京：文化发展出版社,2025.7.—ISBN 978-7-5142-4620-9

Ⅰ．K878.2

中国国家版本馆CIP数据核字第2025YQ9086号

历史的礼物：北京名人故居

高小龙　著　穆力兵　绘

责任编辑：朱　晴　　责任校对：侯　娜
责任印制：杨　骏　　排版设计：辰征文化
出版发行：文化发展出版社（北京市翠微路2号　邮编：100036）
发行电话：010-88275993　010-88275710
网　　址：www.wenhuafazhan.com
经　　销：全国新华书店
印　　刷：北京宝隆世纪印刷有限公司

开　本：880mm×1230mm　1/32
字　数：175千字
印　张：8.5
版　次：2025年7月第1版
印　次：2025年7月第1次印刷

定　价：68.00元
ＩＳＢＮ：978-7-5142-4620-9

◆ 如有印装质量问题，请与我社印制部联系。电话：010-88275720

序

　　古都北京，历史悠久，文化积淀深厚。千百年间，从一个诸侯国都城，逐渐发展成为全中国的政治文化中心。近现代时期，北京曾为民主主义革命的策源地和前沿阵地。众多科学文化巨子云集京城，发起策划了新文化运动和五四运动，改变了中华民族的命运。新中国成立后，北京成为全国的首都。特殊的政治文化地位，使得各行各业领军人物汇聚于此，并留存下了数量众多的名人故居。它们是北京这座历史文化名城的宝贵人文景观和精神财富。名人故居，展现着北京这座城市的特点、精神特质，是城市的灵魂。科学保护、合理利用北京地区的名人故居，追寻先贤们的历史足迹，弘扬传承他们的精神，是当代人不可推卸的责任和使命，同时也会使当代人及子孙后代受益无穷。

　　本书通过文字和插图，全景式地向读者展示北京名人故居的魅力，以及名人的精彩人生。全书重点介绍了北京十九处对社会开放的名人故居,简要介绍了三四处即将开放的名人故居,以及北京名人故居的总体概况。全书既重现了名人历史足迹、名人故居内发生的传奇故事,也反映了近年来北京市委、市政府保护名人故居所做的工作。书中插画清新、生动、鲜活,包括故居的建筑、街景、周边环境,名人故居内的文物藏品、室外景观、室内陈设、名人画像,展现出名人和故居的魅力。

  本书文字作者在北京文物战线已工作三十余年,曾任北京市文物局政策法规处处长、徐悲鸿纪念馆党支部书记兼法人代表,采访过沈家本、纪晓岚、李大钊、邵飘萍、郭沫若、梅兰芳、老舍等多位名人后代,亲历了一些名人故居的保护工作,保证了书中所写每一位名人故居都有全新的内容。本书数十幅插图均由画家穆力兵绘制。北京的名人故居大都藏身于北京旧城的胡同之中,建筑面貌大同小异。但是,故居主人不同的职业和经历,赋予了这些建筑不同的性格,使冰冷的建筑拥有了情怀和温度。画家力求通过自己的观察表达这种感受。画家与文字作者一起对书中所描写的名人故居全都进行了多次的现场考察、实地写生,以丰富本书的内容和表达方式。

前言

漫步于法国巴黎街头，葡萄酒、咖啡和香水的气息，如春风中的薄雾，氤氲着浪漫的氛围，过往行人微醺其中，不禁让人感叹都市的繁华胜却世外桃源。塞纳河边经营百余年的一座座铁皮棚旧书摊，辉煌的卢浮宫，壮丽传奇的巴黎圣母院，时常闪现在路中央的高大壮观的古代殿堂，都宣告着这座城市的与众不同。而在巴黎众多古代殿宇中，有一座古罗马神庙风格的特殊建筑——先贤祠，尤为值得走近前去，昂首细观。先贤祠大殿正门前有22根挺拔粗壮的石雕立柱，支撑着上端呈三角形的白色大理石门楣。门楣中所镶嵌的石雕门额上刻着一行金字："伟大的先贤们，祖国感恩！"也有一些满怀诗情的翻译家，将其翻译为"伟大的先贤们，法兰西感谢你们！"先贤祠内供奉着伏尔泰、卢梭、雨果、居里夫妇……那些为人类文明进步做出巨大贡献的先贤。一座座石制的灵柩和墓碑,向人们述说着他们从灵魂深处发出的深邃而又真诚的声音,开启了一扇又一扇思想的大门,启迪了一代又一代来自世界各地的朝圣者。先贤祠内的每一位名人,都经过了严格审核,这也昭示了管理者们对信念的坚守!

作为辽、金、元、明、清五朝帝都的北京,市中心也有一座建于清代雍正年间的贤良祠,比巴黎的先贤祠早建了60年。但是,由于中华民族"学而优则仕"这一官本位的传统,加之其由朝廷建造管理,因而入选到祠内被供奉祭拜的均为皇亲国戚、肱股重臣。1912年大清王朝灭亡,贤良祠建筑犹存,功能则彻底终结,再无人祭拜与过问。

古都北京,其作为都城的历史可以追溯到800多年前,曾有难以尽数的鸿儒巨擘、国际友人居住于此。他们中许多人虽未生于斯,却在这里创造出人生中最辉煌的成就。心怀敬意地走进那一座座隐藏了无数传奇的院落,徜徉于绿树成荫的庭院、停伫于雅致整洁的居室,会感受到院落主人当年情感的炽热、思想的滚烫。

北京的名人故居,如繁星般点缀在古城纵横交错的胡同中,隐藏于林泉密布的郊野山林间。如今这些故居已有十余座完成了文物保护修缮、展览制作工作,对社会开放。让我们沿着历史的脉络,穿越时空的隧道,一起走进这些名人故居,感受他们跌宕起伏、功勋卓著的人生,聆听他们的心声吧!

目录

三处重量级明清廉官能臣名人故居 001

《石灰吟》在这里诞生——明代廉臣于谦故居 003
"纪大烟袋"的半壁老宅——纪晓岚故居 021
清末中国现代法治体系的开创地——沈家本故居 031

革命运动的策源地——五处"红色"名人故居 043

五四运动的策源地——蔡元培故居 045
《新青年》编辑部——陈独秀故居 054
后园墙外有两棵枣树——鲁迅故居 061
前"店"后家——京报馆与邵飘萍故居 072
"初心"与"使命"诞生地——李大钊故居 080

近现代中国文化艺术的缩影——四位艺术大师故居 … 087

一东一西一公一私——两座齐白石故居 … 089
京韵萦绕、琴声悠扬——梅兰芳故居 … 105
搬进纪念馆展厅中——"徐悲鸿故居" … 117
《茶馆》《龙须沟》的诞生地——老舍故居 … 126

什刹海、锣鼓巷风景区中的名人故居 … 141

规模最大、风景最美——宋庆龄故居 … 146
曾为同仁堂大宅门——郭沫若故居 … 159
让生命绽放出最后的光芒——茅盾故居 … 174

用科学之光照亮中国——京城内的两处科学家故居 … 187

与研究所建在一起——李四光旧居 … 190
鼠疫斗士现代中国医师捐献的洋楼——伍连德故居 … 203

西山脚下的两处"洋人"别墅 … 215

溥仪"洋人"帝师别墅——庄士敦别墅 … 217

八路军医药物资运输中转站——"贝家花园"……………… 226

后记……………………………………………… 236

北京名人故居一览表……………………………… 241

公布为全国重点文物保护单位的名人故居（旧居）名单……… 241
公布为北京市文物保护单位的名人故居（旧居）名单………… 242
公布为区级文物保护单位的名人故居（旧居）名单…………… 246
公布为不可移动文物的名人故居（未定级）名单……………… 253
公布为北京市历史建筑的名人故居名单………………………… 259

三处重量级明清廉官能臣名人故居

中国古代建筑，从宏伟高大的殿堂到小巧精致的民居，许多房屋屋顶正脊两端，都悬挂、砌筑一件被称为"悬鱼"的木制或砖雕装饰物。它们外观为一垂直于屋脊和地面的鱼形，起源于东汉时期的典故——羊续悬鱼。东汉南阳太守（地方长官）羊续为官清廉，曾有官员向他进献活鱼以邀宠拉拢，他命人将鱼挂于厅堂任其风干，以警示自身和官员，被世人称为"悬鱼太守"。羊续已长眠于地下，而其精神、节操转化为悬鱼装饰延续近两千年，传承至今。

端午是中国最重要的传统节日之一。春秋时期楚国大夫屈原因报国之心难以实现，留下《怀沙》长诗后，投汨罗江殉国。民众驾舟寻其骸、投米粽喂鱼护其体。相关民俗留传两千余年而不衰。

在数千年的中华文明史中，无论哪一个朝代，都不缺少洁身自好、一心为民的清官能臣，从先秦时期的屈原到汉代的羊续，再到唐宋时期的狄仁杰、包拯……他们成为支撑中华民族精神殿堂的巨柱，成为一代又一代炎黄子孙的精神坐标。为了缅怀他们，有悬鱼、端午，也有让人世代供奉的屈原祠、包公祠等。

明清时期，作为中国封建王朝的末朝，曾出现了许多清官能臣，后人曾修建祠堂、墓园以缅怀他们。这些祠堂墓园保存至今，使人们有幸有了凭吊、追思之所。更有幸的是，在古都北京，还有三处清官能臣的故居保存了下来，如今已修葺一新、布置展厅对社会开放。世人至此，可了解他们平生事迹，感受他们当年的生活场景和人格力量，净化自己的心灵。

《石灰吟》在这里诞生——明代廉臣于谦故居

"北风吹,吹我庭前柏树枝。树坚不怕风吹动,节操棱棱还自持。冰霜历尽心不移,况复阳和景渐宜,闲花野草尚葳蕤,风吹柏树将何为?北风吹,能几时!"

这首《北风吹》,是明代含冤被杀的廉臣于谦所作。而他生前所居住的小院,如同一位隐者,就藏在北京市建国门内"十里长安"南侧、新闻大厦旁。这座小院,是目前北京地区唯一一处对社会开放的明代名人故居。北京,曾作为明代都城长达223年,无数名门望族、文臣武将、名流骚客都曾居住于此。可是,那些曾经煊赫一时的琼楼玉宇、深宅大院,大都已"旧时王谢堂前燕,飞入寻常百姓家""繁华事散逐香尘,流水无情草自春"。不仅故地难寻,更多的是行踪皆无。唯独于谦故居,不仅在于谦死后"升格"为祠堂,几百年间香火不断,清朝末年,光绪帝还下令拨帑银修缮、塑像,官民同祭。

于谦,字延益,1398年(明代初年)生于浙江钱塘。传说他自幼聪颖好学才思敏捷,常常出口成章。1421年,年仅24岁的于谦考中进士。这一年也正是明朝北京城刚刚建成,明永乐皇帝朱棣迁都北京之年。朱棣夺取帝位,非常想在政治上有所作为,这也给了有抱负的官员们施展才华的机会。于谦在1422年就被任命为监察御史,开始了几经沉浮的仕途生涯。有史料记载,于谦连续18年远离家人独自一人先后在西南地区和山西、河南为官。无论在哪里,他都一心为民、体恤百姓、兴利除弊、惩治贪腐。而对自己,他则是严于律己、一身正气。

有明一代,地方官员进京奏事,且不说贪官,就是清官也要或多或少带上一些"土特产"孝敬京师大员,以及那些权倾朝野的宦官们。于谦的同僚也常劝他顺应潮流。而于谦的回答却至今为世人传诵、敬仰:"手帕蘑菇与线香,本资民用反为殃。清风两袖朝天去，免得闾阎话短长！"当地老百姓都心怀感恩地把于谦比作宋代的清官包拯，称他为"于龙图"，甚至建生祠供奉他。从他的诗作《喜雨》一诗中，也可了解到其爱民之心："日入千山黑，层云构夕阴。一声雷送雨，万国土成金。品物回生意，闾阎诵好音。天公应有在，知我爱民心。"于谦还曾赋诗《题犬》一首，怒斥贪赃枉法的阉党："护主有恩当食肉，却衔枯骨恼饥肠。于今多少闲狼虎，无益于民尽食羊。"于谦这种刚直不阿的作风和清正廉明的操守，自然会得罪当时掌权的宦官。就在他仍一心一意为百姓做事时，却因有一同名之人得罪过大太监王振，致使于谦无端被"误伤"入狱，要论罪处死。但是，百姓心中有杆秤，当时山西、河南的官吏、百姓全都替于谦喊冤，"请留谦者以千数，周、晋诸王亦言之。"大理寺被迫重审案情，于谦才得以洗冤生还，可最终还是被降了职。真可谓千古奇冤！

1447年，于谦升职重新担任兵部侍郎，并搬进这座小院中居住。重返京城官场，他恪守低调做人、本分做事的准则，或许今后的人生将泯于宦海。可是，正所谓危难之时方显英雄本色，在于谦进京的第三年，历史这位公正的考官，把天大的难题摆在了他和朝中其他官吏的面前。

1449年，明朝边境北侧的蒙古瓦剌部落重兵入侵，并在今张家口怀来县的土木堡，战胜了贸然出击又行动迟缓的明朝二十万精锐大军，俘获了率军出征的明朝英宗皇帝朱祁镇。随即，瓦剌军势如破竹，兵临京师城下。此时，朝廷内已被悲观无望的情绪所笼罩，一些大臣和皇亲国戚们为了自身的荣华富贵，建议迁都逃跑。此前，被关押的英宗皇帝还曾写密信给他的两位皇后，让两位皇后秘密筹措钱财赎回自己。两位皇后私自做主将皇宫内的金银财宝装了八大车，悄悄运送到敌军营中。救人心切的钱皇后，还把自己的"私房钱"搭了进去。可瓦剌军只想把英宗皇帝当作讹诈的筹码，从未考虑过放人。

于谦深知，一旦朝廷逃跑，瓦剌军攻入城内必然与他们攻入大同城的所作所为一样："草房焚烧，人迹萧疏，十室九空。"他在朝廷上义正词严地批驳了逃亡派，并耐心细致地讲解了战局和敌我双方的优势，提出固守京师的建议。于谦得到了主政的孙太后的支持，临危受命：担任兵部尚书之职，全权指挥对瓦剌军的作战。随即展开的"北京保卫战"，不仅让人们见识到于谦的英勇果敢，也让人们见识了他在军事上的雄才大略。他一方面顶盔掼甲亲自上阵迎敌，同时紧急调配各地粮草和援军。他从自己曾任职的山西、河南等地紧急征调壮丁充军进京，使京师部队迅速增员了二十余万人。

为了消除瓦剌军继续以英宗皇帝为要挟的念头、稳定军心民心，于谦果敢地在大战之前拥立英宗皇帝的弟弟郕王朱祁钰为皇帝，改年号景泰，并言明：先皇朱祁镇再发出的任何命令都将被视为无效。他传令：京师九门紧闭，明军出德胜门外迎敌，"坚壁清野，三鼓士气，空房设伏，诱败敌骑。"作战中他严明纪律，士兵有临阵脱逃者一律斩首。以速度和力量占据优势的蒙古骑兵擅于策马驰骋疆场，不擅长更需要机动灵活和耐力的巷战，经过三个多月艰难惨烈的激战，瓦剌军最终不得不丢盔弃甲、扔下毫无用处的英宗皇帝逃回北方大漠。

为国家立下汗马功劳的于谦，战后并未居功自傲。新皇帝论功奖赏，赏赐其一座位于皇宫旁西华门外的豪宅，他婉言谢绝道："匈奴未灭，何以家为。去病竖子，尚知此意，臣独何人，而敢饕此！"可皇帝之语是金口玉言、一言九鼎，于谦只能仍住在西裱褙胡同老宅，御赐豪宅用于供奉皇帝赏赐他的玺书、袍服、银锭等珍贵之物。逢年过节时，他前去参拜以示礼敬。但是，许多官员仍认为他破坏了官场的规矩。

战争过后，于谦又担起监督修缮被毁城墙的重任。有一天，他看见工匠们烧炼砌筑城墙所用的石灰，不禁感慨万千、诗兴大发，随口咏出一首千古绝唱《石灰吟》："千锤万凿出深山，烈火焚烧若等闲。粉骨碎身浑不怕，要留清白在人间。"

然而，在一朝天子一朝臣、君王独裁的封建社会，忠臣大多难得善终。在"北京保卫战"取胜的八年之后，明英宗在太监和旧臣的帮助下，夺权复辟重新登上皇帝宝座。反攻倒算的至暗时刻到来了，曾主张废除英宗拥立新皇的于谦首当其冲，被下令处斩。

据传说，处斩于谦时全城百姓跪拜，刽子手不忍心斩杀忠臣自刎于刑场。抄家的锦衣卫来到于谦家里，发现堂堂一品大员竟然几近家徒四壁，一些士兵默默地流下泪水。

又过了九年之后，英宗皇帝驾崩，明宪宗朱见深继位登基。在满朝大臣的呼吁下，深知于谦冤情的明宪宗下令为于谦平反昭雪，赐谥号"忠肃"。明万历二十三年（1595年），明皇帝又敕封于谦生前居住的这个小院为"忠节祠"，以祭奠其在天之灵。此后，小院在明、清两代不断地得到修缮。清代时，小院门楣上高悬"于忠肃公祠"匾额。光绪年间，院内东侧修建了一座二层小楼——奎光楼，第二层定名为"奎星阁"，供奉于谦塑像，高悬"热血千秋"匾额。在中国古代，天上北极星四周的星体，被分为二十八个组团——"星宿"，西方由七组"星宿"组成了"白虎"集团。奎星是"白虎"集团西北方向的一组"星宿"，据说它可以给天下带来文运昌盛。民间传说包拯就是奎星下凡。于谦祠毗邻科举考试的贡院，祠内修奎光楼，寓意于谦乃是奎星下凡，护佑天下学子。而官方的真正用意，应是给进京赶考的读书人树立一个学习榜样，建立一个品德教育场所。

这座占地900多平方米的于谦祠，在民国时期开始沦落破败。新中国成立后，如同北京城内胡同中的绝大多数旧宅院一样，于谦祠也沦为多户居住的民居，住进了37户居民。院内到处私搭乱建，原有布局全被破坏，拥有几百年树龄的老槐树也被砌入自建房中，小院后来还险些被拆除。

于谦祠所在区域，从清初至21世纪初，一直被称作西裱褙胡同。清代时，举子们在科举考试前后常来此购买文房四宝和书画古籍，因而也带动了这一带的装裱行业的发展，形成了这条以"裱褙"为名的小胡同。当代诗人何其芳、桥梁建筑家茅以升等名人也曾在这条古巷内居住。20世纪末，这里开展了沧海桑田般的大规模改建，区域内的十几万平方米老旧建筑全部被拆除，单位和居民全部搬走。只有这座于谦祠，早在1984年就被公布为受法律保护的北京市级文物保护单位，因为有"文物保护法"这一道护身符，加之文物部门"硬扛死守"，才未被拆除。不过，开发单位为了拆除或迁建于谦祠，已事先把院内居民迁走了，这反倒是做了一件好事！2004年，文物部门借机开展了文物修缮工程，重建了在1976年地震时塌毁的奎光楼。这也是从光绪朝以后第一次对其进行大规模修缮。

北京市人民政府为了补偿出巨资搬迁居民的开发单位，同意开发单位原定在于谦祠地块建设的商业大楼向南迁移，拆除南侧麻线胡同3号院。麻线胡同3号院也是一组有百年历史的建筑，曾是北洋时期国务总理唐绍仪的私宅，"宅内有太湖石砌门洞，两边大条石有对联，为乾隆御笔，是圆明园遗物"。可此院未被列为受法律保护的文物保护单位，也就只能为于谦

祠的留存做出牺牲了。

于谦故居院门朝南，大门为京城胡同中常见的、规格较小的如意门。进入大门正前方即为重建的五开间"奎光楼"。小楼不似许多王府、寺院中的楼阁那样，屋顶全都是高档美观的过山脊筒瓦屋面、楼梯修在房间内。奎光楼的屋顶是简朴的硬山脊阴阳合瓦屋面，青砖砌筑的楼梯修在楼东山墙外侧。当初不将楼梯修于室内，应是缘于楼内一层为供奉、祭拜于谦的享堂，修建楼梯不仅破坏了整体庄重肃穆的布局，而且如果祭拜时有人员不断地上下楼梯，也会扰乱现场的气氛，对祭拜者和祭拜礼仪大有不敬。在小楼西侧和北侧，另有两座小院，共有11间旧式平房。这些房屋的布局是否为明代时期的，已难考证。

从2009年完成修葺至2016年，于谦祠一直闲置、无人问津。周围的高楼大厦和高大乔木将其遮挡，使其更显逼仄。院中一些房屋的墙面上也长出绿苔。2017年，于谦祠再次出现转机，北京市东城区纪律委员会与区文化委员会合作，设立"'三祠'官德教育基地"。三祠是指位于北京市东城区境内的三处祭祀古代清廉官员的古代祠堂：文天祥祠、袁崇焕祠、于谦祠。政府出资重新布置展览开门迎客，古老的"三祠"又发挥出新的作用。于谦祠东侧小院内仍由当年出资搬迁的单位使用，奎光楼和后院三间平房，则设计制作了《丹心抗节明代民族英雄于谦》展览供观众免费参观。展览包括为学（勤学立志）、为官（秉公执法、勤政爱民、清廉自律）、土木之变、北京保卫战、夺门之变、于谦诗词、后世缅怀和评价七大单元。

祠内的人文环境也按清末时的原状进行了部分复原。奎光楼下层抱柱上，悬挂了清人学者魏源所题对联："中流砥柱，独挽朱明残祚；庙容永奂，长赢史笔芳名。"进屋正中墙上悬挂于谦画像，画像前有供桌，常有热心人士献上鲜花水果。画像两侧有副对联："丹心托月，赤手擎天"，为清乾隆帝御题。小楼二层楼大门两侧抱柱上，则悬挂上了林则徐所题对联："公论久而后定，何处更得此人。"

《明史》评价于谦："忧国忘家，身系安危，志存宗社，厥功伟矣！"但愿今人尤其是身居官职者，能从于谦的沉浮身世、高贵品德中得到启发和激励。

附记：

袁崇焕祠

在皇权至上的封建王朝，如果遇上皇帝迂腐昏庸、官场腐败，一两位甚至一批廉政爱国的文官武将，都无法改变王朝灭亡的命运。走出于谦祠，顺着东侧马路往南步行二十分钟左右，就可见崇外花市本家润园居民小区，袁崇焕祠和袁崇焕之墓就隐藏在楼群之中。祠堂为一进小院，小院大门为较有气势的广亮大门，院内面积狭小。院内北侧有正房五间，正中一间为布置极为简单的享堂，供奉着袁崇焕的画像和牌位。画像上方是题写"碧血丹心"的木质匾额，画像两旁为一副楷书对联："杖策只因图雪耻，横戈原不为封侯。"对联高度概括了袁崇焕的一生志向。享堂两侧房间为展厅，以极为简单的图片和文字，介绍了袁崇焕忠心报国的一生。院落北侧为面积狭小的墓园，有一大一小两座圆顶坟茔。较大一座为袁崇焕之墓，墓前一座刻写有"有明袁大将军墓"的石碑，为清代道光年间湖南巡抚吴荣光所题。另一座较小的坟茔，为当年冒生命危险为他收尸和守灵的佘义士之墓。这座祠堂能保存至今，也是佘义士的后人，一代又一代人几百年间一直坚守在这里的结果。几百年间，他们每年修补祠堂坟茔、每日打扫厅堂上香供果，这一坚持数百年的义举和奇闻，在中华文明史乃至世界文明史中都绝无仅有！直到本书成稿，袁崇焕祠院内南侧仍有一间倒座房，为"佘家后人办公室"。

袁崇焕为明末爱国将领，多次抗击盘踞在山海关外的女真人。在己方力量薄弱时，足智多谋、审时度势的他，还曾给女真首领写信"议和"、互不相侵，保证了边关百姓的安定。崇祯二年（1629年），女真人首领皇太极率领大军绕道蒙古大漠进攻京师，袁崇焕闻讯后火速带兵驰援，赶在敌军之前来到京城城垣之下。而生性多疑的崇祯皇帝听从周围宦官奸臣的谗言，下令紧闭城门让袁崇焕率军在城外迎敌。就是在这种地形不利的条件下，骁勇善战的"袁家军"仍在广渠门外击退了女真人的军队。战后袁崇焕只身一人进入皇宫接受召见，他本以为金殿之上全军都会得到犒赏嘉奖，可结果却恰恰相反。原来，两年前祸国殃民的大太监魏忠贤被杀，就与袁崇焕有关。皇宫内的宦官余孽，一直伺机给魏忠贤报仇。战败的女真人也设下离间计，大肆造谣与袁崇焕有私下交易。阉党与女真人的里应外合，使昏庸的崇祯皇帝不仅先将袁崇焕收监入狱，一个月后又给他定了"托付不效，专恃欺隐，以市米则资盗，以谋款则斩帅，纵敌长驱，顿兵不战，援兵四集尽行遣散，及兵薄城下，潜携喇嘛坚请入城"等九条罪行。归纳起来就是：欺上瞒下，里通外国，引来外敌，于是崇祯皇帝颁旨将其凌迟处死。在袁崇焕被斩杀时，京城不明真相的百姓或争相抢夺或向刽子手行贿购买袁崇焕的皮肉，或践踏或蒸煮而食。而袁崇焕在死前只留下十个字："但留清白在，粉骨亦何辞。"他的尸首最终被他的一个忠贞的部下佘义士，悄悄地收殓下葬。在袁崇焕祠中，展示着他生前写给母亲的一首诗："梦绕高堂最可哀，牵衣曾嘱早归来。母年已老家何有，国法难容子不才。负米当时原可乐，读书今日反为灾。思亲想及黄泉见，泪血纷纷洒不开。"袁崇焕自幼读书习武，35岁考中进士，曾任福建邵武知县，他廉洁奉公，深受百姓爱戴。崇祯元年（1628年）时，辞职在广东东莞老家闲居的袁崇焕被重新起用。临别家乡时，有十九位官员和饱学之士共同题诗作画送别，并汇集装裱为一幅长卷《肤公雅奏图卷》流传于世（肤公为大功之意）。了解其一生，再读此诗，令人唏嘘!

文天祥祠

文天祥祠，是由牢房改成的祠堂。这在古今中外历史上和文物古迹中，可能是独一无二的。文天祥祠所在的这一地段，元代时称为柴市，为管理城市治安的北城兵马司官署和关押犯人的监牢。监牢区域最南端的一座独立小院，曾有四年时间关押了南宋抗元名将文天祥。院中牢房"室广八尺，深可四寻。单扉低小，白间（窗户）短窄，污下而幽暗"。立志"留取丹心照汗青"的文天祥，每日在牢房中"风檐展书读"，无视忽必烈亲自出面的威逼利诱，宁死不屈。元朝至元十九年（1282年），文天祥在此就义。明朝洪武九年（1376年），由北平按察副使刘崧主持，在原监牢旧址上修建了文天祥祠，并塑像每年实行公祭。

文天祥祠，现为东城区府学胡同63号，全国重点文物保护单位。其西侧毗邻文物古迹顺天府学（现仍为府学小学），为北京市文物保护单位。街对面是文物古迹清代兵部尚书志和宅院，亦为北京市文物保护单位。此院落抗日战争胜利后还曾被当作北京大学教授集体宿舍，近三十年又成为北京市文物局机关办公场所。2024年2月，北京市文物局搬至北京市通州区行政副中心，此院计划开办为北京四合院博物馆。相比于这两座占地上万平方米、殿堂宏伟、雕梁画栋的学府豪宅，仅占地数百平方米、建筑低矮、布局逼仄的文天祥祠，却在文物等级上高它们一头，确实值得仔细探秘、详细解读。

文天祥祠坐北朝南，临街大门是一座简易的牌楼式门楼，宽3米、进深1.5米，门两侧有青砖砌筑的八字影壁。由于府学胡同在明代就已形成，至今仍保持着原有的胡同宽度，所以文天祥祠的八字影壁小巧玲珑，没有侵占街巷影响交通。明代时，为了纪念文天祥，府学胡同所在区域被命名为"教忠坊"。直到近现代时期，胡同中还有始建于明代的两座高大木制牌楼，并镶嵌有石质"教忠坊""育贤坊"匾额。如今，牌楼已拆，"教忠坊"石匾仍保存在文天祥祠的享堂中。

中国古代宅院的门楼，一般门楣上方是一块长方形木板或砖雕，名为走马板。唯独文天祥祠的大门是横竖木框隔成的栅栏，这在京城内的古建筑中可谓独一无二。它是否脱胎于当年监牢的铁窗铁栏，这一点虽难以考证却又引人联想。

进入天祥祠狭小的前院，东西方向仅存院墙，东侧院墙镶有一面石壁，上面刻写了文天祥当年在这里所作的《正气歌》，书体依据明代书法家文徵明抄写此诗的真迹翻刻。院北侧为三开间带有前后廊的过厅，风格为硬山筒瓦大脊，房脊上镶有鸱吻和脊兽。过厅前在近几年立了一座石碑，石碑上线刻了文天祥像和他临终前所作的《绝命词》："孔曰成仁，孟曰取义，惟其义尽，所以仁至。读圣贤书，所学何事？而今而后，庶几无愧。"过厅内正中有一座木制屏风，以阻断人们观望后院的视线。屏风上用楷书刻写了"忠孝廉节"四个字。过厅四周的墙面，挂满了展板，展板通过图片和文字介绍文天祥的生平。文天祥出生于南宋赵昀帝端平三年（1236年），字宋端、履善，号浮休道人、文山，籍贯江西吉安，是南宋著名的政治家、文学家、爱国英雄。他20岁考中进士后一直为官，元军进犯南宋时坚持武装抵抗，1278年，

因寡不敌众在今广东汕尾市海丰县被俘。

穿过前厅就到了祠堂后院。后院庭院有一株奇异的枣树,它那直径超过一米的粗大树干向南倾斜45度,但是,古树并未倒下,且还枝繁叶茂、果实累累。此树为文天祥亲手所植,此树似乎有灵,数百年来一直倾向南方,呼应和彰显了文天祥"臣心一片磁针石,不指南方不肯休"的精神。

后院东西仍为院墙,只有北面有一座明代建造的三开间大殿,为祠堂最核心最重要的建筑——祭拜文天祥的享堂。享堂大门上高悬着"万古纲常"的匾额。享堂建筑风格为大式悬山筒瓦调大脊,屋顶东西两侧挑出罩住山墙,房脊上镶有鸱吻和脊兽,屋檐下有斗拱,建筑等级和工艺都超过官宅和民房。

进入享堂,正面是一座精致的小型木龛,龛内为文天祥坐姿塑像。他身着官帽官服,双手持笏板,表情肃穆。塑像上方高悬着书有"古谊忠肝"的木质匾额,塑像前方摆放着供桌,常有观众献上鲜花和水果以表缅怀。

享堂中保存有明代王逊刻、元代刘岳申撰写的《宋文丞相传》石碑,清代朱为弼《重修碑记》石碑及《宋文丞相国公像》碑等珍贵文物和多块当代书法家所题的匾额、楹联。享堂的东墙中还镶嵌着两块命运颇具传奇色彩的国宝级石刻——被雕成两块石柱础的唐代大书法家李邕所书《云麾将军李秀碑》,此碑全称为《唐故云麾将军左豹韬卫翊府中郎将辽西郡开国公上柱国李府君神道碑》。李邕生前曾任北海（今山东潍坊市所属青州市）太守，又被称作"李北海"，为唐代大书法家和碑文大师，元明清历代书法家都赞赏和临摹他的书法。云麾将军是唐代武将的官职，从三品。据碑文可知，李秀祖上为靺鞨人（生活在今东北地区的少数民族），原名突地稽，因在突厥攻打唐幽州时，他保卫城池有功被封为将军，赐李姓。碑文中详细描绘了李秀作战时高超的谋略。此碑最初立于幽州范阳郡（范围包括今北京西南、河北涿州和天津西北部分地区），宋代时仍完好无损，并移入良乡（今房山区良乡镇）的县学（官办学校）中，供学子们观赏、临摹。但是，到了明代早期，石碑竟然被县学中的某位不学无术的博士（学官，负责学校行政管理工作或讲授四书五经）命人切断为六块，垫在学校大殿明伦堂木柱之下，当作石柱础！不幸中的万幸是，石碑在凿成柱础时，石匠们并未把石碑上的字迹全部磨去，柱础中心凸起的圆形部分保留了唐代字迹。明代隆庆朝时，重修学宫更换新的石柱础，这六块柱础竟然被弃置于堆积在庭院角落的瓦砾之间。到了明代万历年间，两位真正有学问的文人邵正魁、董凤元将此事上报了宛平令李荫，李荫立即命令良乡县令，将石柱础运送至宛平官署中，其后又运至上一级的顺天府署中。可顺天府的府丞（顺天府相当于现今的北京市，府丞相当于副市长）王惟俭，痴迷于鉴赏收藏文物，离职之时竟然带走四块。剩下的两块在明末战乱中又被埋于瓦砾荒草中。直到清康熙三十一年（1692年）夏，顺天府府丞吴涵才又在府署的荒草之下找到了它们，为保证石刻永不再失，他想到了一处绝佳之所——顺天府学旁的文丞相祠。

"纪大烟袋"的半壁老宅——纪晓岚故居

在近十几年来不断拓宽、整修的珠市口大街上,位于南新华街与珠市口交叉路口东侧 200 米左右,马路北侧有一座不起眼的小院。小院门外常常是人头攒动、熙熙攘攘,与旁边高大威严现代化的高层写字楼形成强烈反差,这座小院就是清代名人纪晓岚的故居。故居原本是规整的中型三进四合院(院内从南至北有三座由四面房屋围成的庭院),占地 1570 平方米。

纪晓岚曾在这个院中居住了 62 年，也在这个院中写下了惊世骇俗之作《阅微草堂笔记》。从他 1805 年去世至今已过了二百余年，街面不断拓宽，小院临街的建筑早已容颜大变。门前那棵枝繁叶茂如同天棚一般搭在门前水泥架上的藤萝，是当年纪晓岚亲手所栽。碗口般粗大的藤萝枝干，如虬龙巨爪般四下铺开，为前来拜谒的人们，在门前遮盖出一大片绿荫，它与绿荫下纪晓岚嘴叼长杆大烟袋的铜雕，组成了街面上独一无二的景观。

故居中纪晓岚亲手所植的古树不止这一棵，院内还有一棵他当年种下的海棠树。近 300 年高龄的古树年迈体衰，斜向生

长的枝干全靠铁架支撑。这棵海棠遮住小院头顶一半的天空，一年四季为小院带来最美的风景。春天时海棠花与藤萝花姹紫嫣红、落英缤纷，春风吹来，花瓣在院里翻飞起舞，如梦如幻。夏日里，海棠花枝繁叶茂、绿荫遮日，院中凉爽宜人。秋天来临，如红色玛瑙般的海棠果挂满枝头，让人观之喜上心头。霜雪过后，仍挂在枝头的那一粒粒粉红色的果实，都戴上了一顶顶晶莹的洁白的雪帽，在寒冬的阳光下，与这棵海棠树的浪漫传说一起，温暖着人们的心。

纪晓岚原名纪昀，故乡为如今的河北献县崔尔庄。少时父亲在京城做官，他寄住在故乡四叔家苦读四书五经。四叔家有一婢女名叫文鸾，人长得水灵，双眼有神，粉红的双颊如同海棠花。如今院内有一尊身着清代服装、留着大辫子、身材苗条的小女孩雕像，原型即为文鸾。两人经常在家中的海棠树下打闹嬉戏，朝夕相处，可谓是青梅竹马。慈爱的四婶看到此景打趣地对纪昀说，等你长大博取功名，就让你二人结成姻缘。纪晓岚长到17岁时，大胆地向文鸾求爱。而心高志远的文鸾仍牢记着四婶的话，鼓励纪晓岚先考取功名。可是造化弄人，待纪晓岚金榜题名，四婶向文鸾家提亲时，其父竟索要高价彩礼，气得四婶愤然离去。文鸾闻知后如"雁过长空、影沉寒水"，不久即抑郁而亡。纪晓岚听闻噩耗，陷于忧伤难以自拔，来京后特意在宅院中种下这棵海棠树以寄相思。晚年时，他仍然难

历史的礼物：北京名人故居

忘初恋之情并赋诗缅怀:"憔悴幽花剧可怜,斜阳院落晚秋天。词人老大风情减,犹对残红一怅然。"

如今的纪晓岚故居,已缩小为一路一进的小院,房屋样式为传统的硬山脊阴阳合瓦,等级较低。故居临街正中建筑为小院的南房,屋南侧后墙临街,民国时期开辟了顶部带有拱券的西式门窗,房顶修建了装饰性的女儿墙。如今,南房成了进出的门厅,门窗拱券上都镶有中国传统建筑特有的蔓草纹砖雕。这种中西合璧的做法,在民国时期京城内临街建筑中十分流行。此房东西两侧各有门洞通向院内,并与院中连接南北两侧房屋的游廊相接。小院东西两侧只有游廊没有厢房,南北狭长的庭院中除了海棠树,还有一棵玉兰树。海棠与玉兰隐含着金玉满堂的寓意。

纪晓岚天生聪颖,1743 年,他 19 岁时第一次参加科试就取得了第一名;1747 年,参加乡试又以第一名解元夺魁。其后他因为去世的母亲守丧,错过了当年的会试。直到 1754 年,30 岁的纪晓岚才金榜题名,随后在翰林院出任庶吉士和散馆授编修等文职。任职期间,他曾随乾隆帝北上热河、南下扬州,担任皇帝身边的文字秘书。乾隆三十三年(1768 年),曾有过将他外放到贵州都匀做知府的廷议,可乾隆比较欣赏他的学识,还是把他留在了京城,并给他加官进爵。

可天有不测风云,人有旦夕祸福。纪晓岚长女嫁给了两淮盐运使卢见曾的儿子。卢见曾喜欢古籍字画，与纪晓岚兴趣相近。他任地方官时，也曾大力兴办教育、发展文化。可乾隆三十三年（1768年）时，有一件贪腐案涉及卢见曾。注重亲情的纪晓岚明面里写奏折为他求情开脱，暗地里通风报信。他这种做法惹恼了乾隆帝，于是，44岁的纪晓岚被发配到了新疆乌鲁木齐。如今，在乌鲁木齐人民公园中还有一座古香古色的"岚园"，就是仿照北京纪晓岚故居中的书斋——"阅微草堂"而建。纪晓岚在新疆的三年中，写了大量诗歌和描写神仙鬼怪、风土人情的散文故事，这大概也是这位大才子的无奈之举吧。这些诗歌中有160首收录进了他的诗集《乌鲁木齐杂诗》，而那些散文故事则收入他的短篇志怪小说集《阅微草堂笔记》中。

1871年，在包括朝中重臣刘统勋（刘墉"刘罗锅"的父亲）在内的几位大臣求情下，乾隆帝赦免了纪晓岚，允许他回京。1873年，乾隆决定编修大型丛书《四库全书》，出任总裁官的刘统勋举荐纪晓岚和陆锡熊二人为总纂。

对于这项大型"文化工程"，至今仍是毁誉不一。一些学者认为乾隆朝大兴"文字狱"，实行思想专制，在收集古书时许多古书被禁毁，也有一些学者称赞编纂工作是对历史文献的系统整理。纪晓岚作为一位有"犯罪前科"的文臣，在编纂时只能是小心翼翼、亦步亦趋。乾隆皇帝对他的态度也缺少应有的尊重，言之"朕以你文优长，故使领四库书，实不过以倡优蓄之，尔何妄谈国事。"纪晓岚由此只能把才情更多地转移到文学创作中，平时的言谈举止诙谐幽默，聊以解忧。他在进行古代书籍的整理研究时，对入编古书进行了较科学严谨的分类、甄选、书写提要。其阅读古书的数量之多，可谓前无古人、后无来者。嘉庆十年（1805年），八十一岁的纪晓岚因肺喘病去世，被赐谥号"文达"。

如今，在纪晓岚故居院内倒坐南房中，有铺满墙面的图文展板，介绍了纪晓岚的传奇一生和他烟袋不离手、酷爱吃肉、经常记录讲述鬼怪故事的特殊嗜好。在院内北面正房内，还有介绍《四库全书》的展览、纪晓岚书房小型场景。正房门楣上悬有纪晓岚后人书写的"纪氏文宗"匾额，门前两侧立柱上悬有纪晓岚书写的对联"岁月舒长景，光华浩荡春"。书房内也有一副对联："万卷编成群玉府，一生修到大罗天"。大罗天是道教中天地最高处之义，此对联正是对纪晓岚一生的高度总结和最高评价。此联原作者为与纪晓岚同时代的翰林院大学士、清代四大书法家之一的梁同书。但是原联早已不知所终，此联为后配之物。在屋内正中，还展出纪氏后人所画的纪晓岚画像和启功先生所书匾额"阅微草堂旧址"。

故居正房后墙中央有一个近几十年才开凿的门洞，通向后面的一座宽敞的纪念品商店，这间房该是后盖的，上面还有第二层。在正房左侧靠西墙，有楼梯通向二层的观众"读书室"，

"读书室"中间有大型书案,屋西侧有一讲台,其余三面靠墙矗立着摆满书籍的书架。这里最值得一观的,是通向二层的楼梯间墙面上悬挂着多幅铭文拓片。这些铭文,全是纪晓岚生前亲自刻写在他使用的木工工具之上的文字。这些工具原物保存在他的故乡河北省沧州市的博物馆中。纪晓岚是一个既有思想又十分有生活情趣的人。他的木工工具共有十九件,包括木锯、界尺、木杆秤、锥子、斧头等,它们有序地摆放在一个内含五个抽屉的木箱中。纪晓岚平日装订书籍、修补房屋和居家陈设,全是亲力亲为。大概是日久生情、深有感触,每一件看似平常的工具,他都能从中体味到深刻的哲理,并铭刻于工具之上。这也使平凡的工具成为记录其人生感悟的载体。

在木秤杆上,他刻写道:"老聃折衡,使民不争。然不能使物无轻重,总不如持此以平。"其意为:老子主张无为而治,取消度量工具,使百姓不为计较斤两产生争端。然而,让世间之物无轻重贵贱之分,总不如有衡量工具并保持公正。这句话也反映出纪晓岚较为务实的儒家治国思想。世界上不可能有万民不争的理想国,公正地执行法治才是正道。在铁凿子的木杆上,他刻写道:"斧非尔力不能洞穿。尔非斧力亦不能攻坚,相资为用,毋畸重于一偏。"一句短语,却是微言大义,道出团队精神的重要性。在竹尺上,他刻写了"守正规直",表达了他的人生信念。在猪鬃刷上,他刻写道:"豕鬣之刚,纤纤其芒，微尘入隙，亦莫遁藏，是故当录其寸长。"用刚硬、一寸来长的猪毛做成的毛刷，恰好可以清扫缝隙中的微尘。世间的每一物质，都有可用之处，关键是要发现、发挥其优势。从一只最不起眼的猪毛笤帚，纪晓岚却悟出深刻的人生哲理……

纪晓岚故居在其去世后，院落不断地被分割、侵蚀。大约在1936年，纪晓岚故居的西半部，割裂出去卖给了京剧"富连成"科班。自乾隆年间，安徽民间剧团进京演出立足后，不断吸收其他剧种的优点，逐渐演绎成长为一个独立的剧种——"京剧"。1904年，商人牛子厚和京剧名家叶春善创办了私立京剧学校——"喜连成"（后改名"富连成"）科班，培养京剧表演人才。科班不仅培养了大量名角，梅兰芳、周信芳等艺术大师成名后也曾到科班进修"回锅"。如今，故居西墙原"富连成"科班所占之地，已开辟为一座街心花园，园中有一巨大卧石，上书"京剧发祥地"。园内设有橱窗，展示"富连成"科班发展历程。纪晓岚故居也被京剧行称为京剧界的"黄埔军校"。

上面这段历史，其实还不是纪晓岚故居传奇中最重要的部分。早在1928年，纪晓岚故居东部二进院中，就住进了一位"重要人物"——刘少白。他当时任天津商品检验局局长，1931年，他女儿刘亚雄、女婿陈道原结婚后也借住在这里。二人都曾留学苏联，为中国共产党党员。小院成为中共地下联络站，许多经费、情报都是通过三人之手，在这里交接、转送。1937年，刘少白又在王若飞和安子文介绍下秘密加入中国共产党，回老家山西创办了"西北农民银行"，对晋西北抗日根据地的巩固起到了重要作用，也为新中国成立后中国人民银行的建立奠定了一定的基础。刘少白在新中国成立后，担任过山西省政协副主席等职位。

纪晓岚故居在新中国成立十年后，被改为经营山西风味的"晋阳饭庄"。那时，京城内陆续开办起一些专门经营地方风味的饭馆。如四川风味的"力力餐厅"、湖南风味的"马凯餐厅"、山西风味的"晋阳饭庄"。如今，纪晓岚故居的产权人和管理使用者仍为晋阳饭庄集团。2003年，企业承担起弘扬传统文化的重任，将饭庄从小院迁出，恢复院落清代时原有的布局和部分室内陈设并制作展览，开办为纪念馆对社会开放。这使小院在纪晓岚离去二百年后，终于有了一个令人欣慰的结局。

清末中国现代法治体系的开创地——沈家本故居

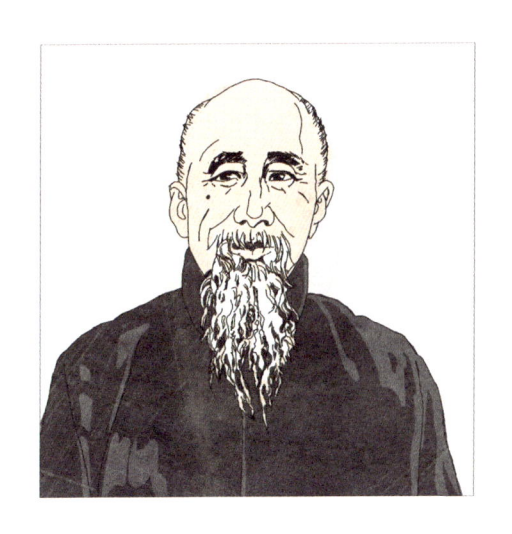

明代嘉靖年间，在原京城正方形城垣南侧又扩建了外城，北京城的外形变为"品"字形，并有了内外城之分。公元1644年，清朝廷迁都北京，制定了满蒙"旗人"居于内城，汉族人居于内城之外的政策。位于外城的虎坊桥、骡马市一带，成为

历史的礼物：北京名人故居

汉族官吏、文人墨客的首选居住之地。这里有外城城垣保护，距离进入内城的正阳门、中央衙署办公的千步廊都较近，房价又比北侧紧邻城门的大栅栏、鲜鱼口一带商贸区域便宜。明清时期，全国各省乃至富裕的府县，都在北京外城修建了会馆，进京赶考举子中贫寒无钱租住旅店者，都可免费入住会馆。清代时，北京内城不允许开设的戏园和风月场所，也都云集于此。相对内城，这里反而成为文化氛围更为浓厚的区域。由于政治缘由加上外城的特殊人文环境，清朝近三百年间，许多汉族官员、文人墨客，选择在这一带购房居住。其中许多名人故居、旧居被公布为文物保护单位，不得拆除或改建。例如，米市胡同的康有为故居、粉房琉璃街的梁启超故居（新会会馆）、北半截胡同的谭嗣同故居、海柏胡同的朱彝尊故居（顺德会馆）……但是，由于时世的变迁，这些院落大多沦为多户居住的民居，拥挤杂乱，破败不堪。只有个别特别值得人们缅怀纪念的历史名人，其故居才有幸得到政府和相关部门重视，获得腾退居民、修缮开放的殊荣。沈家本故居就是其中之一！

从纪晓岚故居往西北方向行走不到 2.5 千米，有一条名叫金井胡同的狭窄小巷。原本近几十年来它都一直默默无闻、无人问津。可自 2018 年之后，这条小巷却每天都有来自全国各地的访客，多时超过百余人。这全赖于位于小巷东口对社会开放的沈家本故居。而被称为"中国法制现代化之父"的沈家本，更值得每一个中国人缅怀和崇敬。

金井胡同,可以说是北京城内最名副其实的一条胡同。在胡同东口沈家本故居门前东侧,有一口用黄铜栏杆围护的四眼古井,栏杆在清晨的阳光下金光闪闪。这口水井,是当年沈家本为了自家和胡同中的邻里们用水,请工匠开凿的。安置铜栏杆,是为防止儿童不慎掉入井中。金井胡同之名也由此而生。在人生的最后十三年,沈家本一直居住在此院。昔日门前宽大的青砖影壁,如今已被拆除,只剩下部分地下遗址保留下来,上面罩着玻璃罩,供游人参观。

历史的礼物：北京名人故居

沈家本故居为大型的三进四合院，占地 1703 平方米，文物建筑约 1014 平方米。高台阶、高门槛、广亮大门，院前有高大影壁，院内有二层楼房，气派非凡。按照中国传统风水学说，故居大门与京城内胡同北侧的绝大多数四合院一样，开在了院落的东南角。走进大门，就可看到"枕碧楼"一层宽敞的会客厅和二层通排的玻璃窗。故居南侧两进院落，室内布置了展览，介绍他的生平事迹和中国法制历史，北侧最后一进院落，则用于接待会议、举办讲座和故居工作人员办公。小院的平房，全是典型的四合院民居建筑。房顶为硬山脊阴阳合瓦屋面。"枕碧楼"在故居前院东头，是一座按照历史原貌重建的二层砖木

结构小楼。小楼正面朝南，一二层均有前廊，楼梯设在山墙外侧。当年，原有楼房主要用于存放沈家本购藏的五万余册图书。小楼的名字取自他故乡湖州的"枕碧湖"。如今楼中不仅陈列了沈家本的部分藏书，也部分复原了他书房的陈设，展柜中摆放着他著述的《枕碧楼偶存稿》等书籍。

在沈家本故居的第三进院内，有一棵高大的皂角树遮天蔽日，枝干上遍布粗壮尖利的红褐色棘刺。据馆内讲解员介绍，这棵树是沈家本亲手所植。古人用皂角洗涤身上的污垢，沈家本在自家院内种植皂角树，是提醒自己要时时保持身心的洁净。同时，枝干上的尖刺，也是告诫自己和天下人：法律是不得触犯的，执法者对待违法者要永远保持法律的锋芒。

沈家本，字子惇，别号寄簃，清道光二十年七月二十二日（1840年8月19日）出生于浙江湖州。5岁时父亲考中进士成为京官，他与母亲跟随至京城居住。16岁那年，他依照清政府的规定回祖籍湖州参加会试，考中秀才。考试过后他又回到京城，继续苦读四书五经。因其"好深湛之思"，19岁时便写出了对《周官经》具有独到见解的专著《周官书名考古偶纂》。

1860年，英法联军攻入北京，作为官宦子弟的沈家本逃往山西，后又赶往贵州投奔外放到那里做官的父亲。这些经历让他大开眼界，他当时的许多诗作，都反映出对国家命运的担忧："黔山高与蜀山连，千里沉阴不计年。""旧梦宣南记几

历史的礼物：北京名人故居

回，雪泥天末断鸿猜。"

如果在父亲呵护下继续寒窗苦读，他可能不仅学术上会有巨大成就，科考也会高中。可是天有不测风云，1864年，他的父亲受弹劾丢官，回归故里隐居。24岁的沈家本只好自食其力，独立生存。独自一人留在京城内的沈家本，通过参加刑部"公务员招聘"考试，进入刑部出任低级刑曹小吏，开始了自己的法律事务生涯，这一干就是三十年。由于不是经过科举考试取得功名做官，他在官场只能凡事低调谦逊、兢兢业业，做最苦最累的活儿，拿最低的酬劳。1865年，他再次回故乡参加"乡试"，重病之下仍顽强地参加了三天的科考，最终取得了较好的成绩，获得举人功名。但是，在京城举办的会试中他却名落孙山，只能再次回到刑部为吏，继续从事繁杂的案牍工作。

在刑部工作了十几年后，光绪九年（1883年），43岁的沈家本终于科举高中进士，被赐封五品郎中官职，仍继续在刑部任职。虽然科考官场不顺久居低职，可沈家本始终存有一颗不屈之心。46岁时，他的法律学术专著《刺字集》刊刻发行。该书详细考察了中国古代刑罚制度的源流，揭示其优缺利弊，影响巨大。这也为他日后主持国家的法制改革埋下了伏笔。

今天，人们在谈起沈家本时，许多称号都是无以复加的"顶配"级别：熔铸中外法律文化的巨匠、近代依法治国的开创者、中国近现代法制改革的先驱、著作等身国际视野的法学家、现代法学教育的开创者……

120年前，在人类社会刚刚进入20世纪时，欧美等西方资本主义国家的政治、经济、文化快速发展，可中华民族如同一个垂暮的老人，仍在施行"吃人"的封建专制统治。其结果是，大清帝国被八国联军的坚船利炮攻破国门，签订了多个不平等条约。在众多觉醒的爱国官员一次次上书劝谏下，清政府被迫开始了多方面的"改良"。时任刑部右侍郎的沈家本，受命全权负责司法"改良"。这得以让他有了施展才华和抱负的舞台和机会，并最终取得了辉煌成就。他通过"改良""变法"，改变了中华民族几千年的法制轨迹。

他主持修订"大清律法"，减去了一些野蛮的传统酷刑，禁止人口买卖、蓄奴；制定了以前没有的民事、工商等项法规，把物权、债权等观念引入中国。在沈家本进行"变法"之前，西方各国列强认为中国的法律不是文明社会的法律。由此，他们在中国的土地上竟然享有"治外法权""领事裁判权"等特权，中国的法律对他们没有约束力。沈家本努力的方向，就是取缔"洋人"在中国的特权。

他曾主持推行审判制度改良，推动审判独立、不受皇族和各级官员左右。他在各级审判机构设立独立的检察官，限定各级审判机构审理案件的权限，重大案件必须上报复核。他还提倡律师制度，制订了具体的实施方案，并多次向光绪皇帝上奏。

沈家本在司法改良上的主张和实践非常全面。他提出了监狱管理机制的改良，实行了看守与监狱分开、未判刑的嫌疑人与罪犯分开的管理办法，并制定了报告统计制度和狱卒培训制度。

沈家本的这些先进的法治思想，并非凭空而来。他虽然没有留过洋，可作为一名20世纪的官员，在被外虏欺凌过程中，他不是消沉与自卑，而是睁开双眼观察世界。他组织大量人力翻译西方法规规章，并在1906年建立了中国第一所国立法学院——京师法律学堂，聘请日本等国家的法律专家来校授课，将西方的先进法治思想引入中国。

通过学习西方的先进理念，他形成了许多进步的思想主张，包括法律面前人人平等、男女平等、禁止刑讯逼供等。他还勇敢地取消了满汉异法的国策，使中华民族大家庭中的各民族在法律面前一律平等："化除满汉畛域""凡人皆同类""法之不及，但分善恶而已，乌得有士族匹庶之分？"然而思想观念陈腐守旧的权贵们，一旦改良触及其自身的核心利益，便会畏首畏尾甚至不予采纳。沈家本晚年曾写诗哀叹道："可怜破碎旧山河，对此茫茫百感多。漫说沐猴为项羽，竟夸功狗是萧何。相如白璧能完否，范蠡黄金铸几何。处仲壮心还未已，铁如意击唾壶歌。"

1911年武昌起义，苟延残喘的清政府请袁世凯出山支撑残局，袁世凯任命沈家本为司法大臣，主持全国司法事务。清帝退位后，沈家本仍在看守内阁中坚守岗位，直到民国政权成立才离职。当时民国政府也曾有意请他出任司法总长，被他婉言谢绝，其心境已完全转变："与世无争许自由，蜗居安稳阅春秋。小楼藏得书千卷，闲里光阴相对酬。"

沈家本一生为官位高权重，但其固守清廉、重情重义。他在1908年给日本朋友二村啸庵的诗中写道："匆匆忽过两年春，逝景频催白发新。我与梅花清一样，世人漫笑在官贫。"1913年6月9日，沈家本在北京逝世。袁世凯专门颁布《临时大总统令》以示哀悼："前法部首领沈家本精研法律，夙擅专长，自政体改革以来，赞助共和，勤劳尤著。兹闻患病身故，凡我国民，同深惋惜，应由国务院核议给恤，以彰崇报。此令。"同月24日，袁世凯又特批治丧营葬费二千元，并要求"建立碑碣，用垂纪念"。

沈家本故居的展览，不仅展示了他一生的成就，还通过图片、文献，介绍了他一生中的几段传奇经历。

1893年，沈家本到天津任知府，有百姓上告冤案，沈家本验骨推证出了扎针杀人凶手。当地一位名叫刘明的年轻人，其妻子刘氏曾与针灸医生郑国锦通奸，刘明某一日突然暴病而亡，刘、郑二人不久成婚。数年后家人怀疑刘明被二人合谋杀害，得知秉公执法断案高明的沈家本来到天津任职，便大胆地"击鼓鸣冤"。沈家本审核案卷发现确有疑点,立即从京城请来一名经验丰富的仵作开棺验尸,结果发现尸首牙根和头顶骨为红色、囟门骨(人头顶额骨、顶骨接缝处)浮出,种种迹象表明死者为针刺而亡。天理昭彰,两个杀人犯终于得到了法律的制裁。

1897年起,沈家本任河北保定知府。1898年,被慈禧调入京师配合义和团"扶清灭洋"的甘军路过保定时,焚毁法国教堂、抓捕传教士和教民。沈家本得知此事后,十分理智和冷静地依法处理此事,并最终与法方签订条约,给予了一定的赔偿。但是,他也未因此事对洋人卑躬屈膝,而是有理、有据、有节。1900年,八国联军攻入保定,沈家本及其他几位留守的地方官员被捕。几日后,几人一同被押赴刑场,其他官员均被枪杀,而沈家本却得以幸免。侵略者们虽然最恨沈家本,可沈家本当初处理教案事件之时,以及平常与洋人打交道时都完全是依法办事,无罪可列。号称"文明之师"的侵略者,也不敢完全撕下虚假的面具将其杀害,只好继续羁押软禁沈家本,直到四个月后"议和",才无奈将其释放。

实施"工资倒挂"也是沈家本的创举。沈家本在主持修订立法时,委派年轻官员出国考察国外法治建设情况,组织专业人员翻译国外法规。为了鼓励和留住专家和青年才俊,他实施"工资倒挂":临时聘用的一线从事翻译和编制法规等人员(一些人还没有官职),工资高于那些负责管理工作的中高级官员,真正实现了"不拘一格降人才"。

当然,沈家本的传奇故事还有很多,包括纠正清末冤案"杨乃武与小白菜案"等,还需要大家走进北京的沈家本故居或是去浙江湖州沈家本纪念馆,亲自观看。

徜徉在小院中,瞻仰传神的沈家本半身雕像,回味他传奇的经历,登上秀雅的"枕碧楼"展读其著作,从后院古树上摘一串成熟的皂角豆……都可感受到沈家本对国家和民族的赤子之心,其一生"精研法律,提倡新学,手定各种法律草案,荡涤烦苛,沟通新旧""功在国民"。可沈家本个人的努力,无法改变清王朝政治体制的落后和官场腐败。细察其所为,其初心也未必是想挽救旧的王朝。在他的心中,最重要的还是要为百姓和中华民族开创出一整套公正、文明、现代的法治体系。今天,无数的法律工作者和每一位敬畏法律的公民,仍在沿着沈家本开创的道路努力前行,赓续着沈家本和其故居中所展示的华夏民族几千年不断递进传承的法治精神。这大概也是政府花巨资搬迁院内数十户居民、修缮文物建筑、制作展览的初衷吧!

革命运动的策源地
——五处"红色"名人故居

20世纪初的北京，在思想与文化上可谓风云际会、异彩纷呈，引领着中国社会思潮的走向，主导着中华民族的发展方向。1912年2月，清宣统皇帝宣布退位，同年4月孙中山辞去民国大总统职位，临时参议院选举袁世凯任临时大总统，首都迁至北京，开启了十六年的北洋政府统治时期。封建王朝的灭亡，表面上实行"三权分立"的资本主义民主政治的开启，使北京这座古城迎来了新的发展机遇。与此同时，有着数百年封建王朝都城历史的北京，传统文化积淀深厚，封建残余势力也极为强大，新旧思想交锋异常激烈。

这一时期，许多公立和私立的大学、中学在北京开设，许多进步报刊、书籍出版发行，一大批文化巨子云集于京师。他们倡导青年人崇尚"德先生""赛先生"，即 Democracy 和 Science，分别为民主、科学之意。他们批判以儒家学说为代表的封建礼教，探寻民族解放的道路。1917 年苏联建国，让中国人发现了一条新的民族复兴之路。新文化运动、五四运动，在北京这个文化古都策划、爆发，马克思主义由此在中华大地生根、发芽、成长。那些在这里播撒革命火种的先驱们，大多原本就是同事、好友。共同的理想和目标，使他们守望相助、协同作战。他们不仅在这里挥洒了汗水，甚至将一腔热血洒入这片土地中。藏身于京城的一座座故居，不仅见证和记录了先驱们峥嵘的岁月，如今也成为他们伟大思想的传播地和见证地，并代替他们审视着今天的我们。

五四运动的策源地——蔡元培故居

"学界泰斗,人世楷模" "从排满到抗日战争,先生之志在民族革命;从五四到人权同盟,先生之行在民主自由",这是 1940 年 3 月蔡元培在香港逝世时,毛泽东和周恩来所发的唁电和挽联,它们高度概括了蔡元培的一生。

蔡元培，字鹤卿，又字仲申、民友、孑民。北京市东城区五四大街上的"北大红楼"（原北京大学旧址），如今已开辟为纪念馆对社会开放。在红楼北面，有一座古色古香的小院，蔡元培就任北京大学校长时曾在此院办公。1947年，北京大学为纪念蔡元培将这座小院设立为纪念堂，其名就叫作"孑民纪念堂"。

1868年1月11日，蔡元培出生于浙江绍兴的一个商贾之家，他出生和少年时生活的院落（越城区鲁迅中路241号），现已开辟为故居纪念馆对社会开放。蔡元培4岁开始读书，17岁就通过官府举办的乡试，考取了秀才功名。由于少年丧父，年仅18岁的蔡元培为实现经济独立，竟开办学馆教书挣钱。1892年，25岁的他又经殿试考中进士，被点为翰林院庶吉士，成为京官。从其经历可知，他不仅才华出众，而且性格上坚毅自主，如此年轻时就及第登科，仕途应是前程似锦、不可限量。可随着视野的开阔，他接触到了主张民主与科学的西学，身居官场又看到了清廷的专制与腐败，1898年，蔡元培竟毅然弃官归乡办学，并逐步走上结社办报，立志推翻封建统治的革命道路。

回归故乡的蔡元培，没有像古时官场失意文人那样，隐居山野、著书立说。他不仅结党结社，还组织开展过对清廷官员的暗杀活动！由此，他还成为孙中山所领导的同盟会上海分会负责人。辛亥革命胜利后，他从德国学习考察归来，担任了中华民国临时政府的教育总长，将西方先进的教育制度和理念应用于中国。在他的努力下，北洋政府颁布了《普通教育暂行办法》等一系列法规，新式教育如电闪雷鸣，照亮惊醒了儒教一统天下的华夏大地。他认为："教育者，养成人格之事业也。使仅仅灌注知识、练习技能之作用，而不贯之以理想，则是机械之教育，非所以施于人类也""教育是帮助被教育的人，给他们能发展自己的能力，完成他的人格，于人类文化上能尽一分子责任；不是把被教育的人，造成一种特别器具，给抱有他种目的人去应用的"。他同李石曾等中法友人，一起开创留法勤工俭学运动。他亲自参与预科班授课，徐特立、蔡和森、周恩来、邓小平等一批中国共产党早期成员，都是勤工俭学的学员。1916年12月，年近50岁的蔡元培担任北京大学校长，主张"思想自由、兼容并包"的办校理念，聘请了李大钊、钱玄同、陈独秀、胡适、梁漱溟、李四光等一批思想先进的学者和国外归来的青年才俊到北大任教。为了能让26岁的胡适进北大教书，蔡元培特意为他编造了美国博士头衔来糊弄迂腐的教育部官员。他还聘请了邵飘萍、鲁迅等文化巨擘在北大兼职教课，使北京大学最终成为新文化运动的策源地。

　　蔡元培一生都未购房，他在北京生活时一直四处租房居住。他之所以不购房，也与他对自己行为操守的规范有关。那时北京大学的个别教授，受旧时代社会风气影响，置办房产、出入

风月场所。教育部的许多官员和职员，也都兼职经商。而蔡元培始终认为"私德不修、祸及社会"。由此，他在北京大学创建了促进道德修养的民间团体——"进德会"。他把入会人员分为三等。第二等人员必须不嫖，不赌，不纳妾，不做官吏，不做议员。他把自己划归"第二等"，并坚守一生不置产业，没有艳闻。由此，在任职北京大学校长期间的 1917 年至 1919 年，他一直租住在京师内城东部的东堂胡同 75 号院。当年，此院为三进院落，院门坐北朝南，大门西侧的三间北房带有前廊，与门厅相接。门厅最东侧有一条南北走向的长廊直通后院，长廊即为小院的东侧边界，长廊西侧为南北步道，长廊与步道西侧是自南向北排列的三座独立院落。三进院落的房屋都不太高大，院中北侧正房均为较普通的过垄脊阴阳合瓦屋面（房顶没屋脊），灰砖墙、红木窗，梁坊间没有彩画，朴素雅致。蔡元培在居住期间，常常把教授们请到家中研究教育改革、商议校务，并于1919年5月，在此院内策划了标志新民主主义革命开端的五四运动。

1919年初，第一次世界大战的战胜国派代表汇集到巴黎，共同商议战后相关事务。中国作为战胜国之一派代表参加了会议。可在会议上，帝国主义国家合伙决定把战败国德国在山东的特权转交给日本，而以袁世凯为首的懦弱的北洋政府，竟然于5月3日发出密电，同意在相关条约上签字。时任北洋政府外交委员会委员长的汪大燮匆忙跑到蔡元培家中，请教如何阻止此事。睿智老练而又果敢老辣的蔡元培，使出霹雳手段，当晚就召集了许德珩、罗家伦、傅斯年等北京大学学生代表，来家中通宵商讨对策。他们决定号召青年学生举行示威游行，抗议这种牺牲民族利益的卖国行为。蔡元培故居原本一进门左手有三间倒座房，当时就是蔡元培家的大会客厅。估计这次改变中华民族命运的通宵商讨，就是在这里展开的。

1919年5月4日，震惊世界的五四爱国运动在天安门广场爆发。当教育部让蔡元培把游行学生召回时，他严词拒绝道：

"学生爱国运动,我不忍制止。"当天,许多参加游行的高校学生被捕,蔡元培又联合各大学校长开展营救工作。他在全体学生大会上讲到,自己是全校之主,自当尽营救学生之责。他承诺"我保证在3天之内,把被捕同学营救出来"。这所小院,与北京城内的李大钊故居、陈独秀故居一起改变了中华民族的命运,培养了大批有志有为的爱国青年、国家栋梁。

这座占地约700平方米的中型院落,在蔡元培离开北京后又住进了其他租户。新中国成立后,逐渐成为有十多户居民的大杂院。原来可以直接进出马车的大门改成了住房。近几十年间,居民在院内不停地增建小窝棚、小厨房,院内原有布局已面目全非。1998年,香港富华国际集团开始了金宝街改造工程,包括蔡元培故居在内的红星胡同、干面胡同、东堂子胡同的一部分,被合成一个地块全都划拨给了该公司进行开发。许多老旧院落,被拆迁公司"推平头"式地拆除,富丽堂皇的励骏酒店拔地而起。蔡元培故居的部分房屋当时也被挑开屋顶,岌岌可危。可世间之事有时就是天意难违。当时,北京市文物局办公室的一位工作人员恰好住在这条街上,她立刻将看到的情景报告给了文物局领导。局领导一行多人马上赶到现场,并依法声明:文物古迹受法律保护,不得拆除。经过难以尽言的曲折经历,故居最终得到保护和修缮。

2009年5月10日,院内举行了"蔡元培故居展"开幕仪式。

革命运动的策源地——五处"红色"名人故居

北京市文物局领导、西城区政府领导与富华集团领导，共同揭开了覆盖在蔡元培半身石雕像上的红色绸布。小院大部区域恢复原布局，进门过道墙上，悬挂着题为"精神永驻"长篇题记匾额，故居院内三个院落仍为企业留作他用不对观众开放。故居最后一排房间布置了展览，通过一些有时代特征的实物和图片、文字，展示了蔡元培的生平和五四时期那一段波澜壮阔的历史。故居最后一排房屋的西北角，有两间平顶的只十余平方

米的小房，曾为蔡元培的卧室和书房。故居开放后，按照亲属的回忆进行了原状陈列，屋内大件家具只有单人床、穿衣镜、藤椅、书柜、书桌等几样。书桌中央摆放着一台蔡元培后人捐赠的、他生前使用过的英文打字机，它可以算是蔡元培作为新派大学校长的一个注脚吧！"镇馆之宝"——《北京大学预科同学纪念录》，也陈列在书桌上。在这本已有一百多年历史的小册子上，写明了蔡元培当年就住在此院。在小屋的侧墙上，还挂着一幅蔡元培的真迹，是他抄录的宋代爱国诗人陆游的《幽居记今昔事十首以诗书从宿好林园无俗情为韵其九》中的四句："昔自京口归，卜居得剡曲。地偏无市人，民淳有古俗。"陆游也是浙江绍兴人，一生忧国忧民。蔡元培在书房中悬挂陆游之诗，应是将他视为楷模和穿越近千年的知己。

附记：

东堂子胡同自元代时已有雏形。清代时胡同中的居住者多为达官显贵，胡同宽大规整，街旁院落多为大宅门，建筑精美、布局舒朗。近现代至当代，东堂子胡同一带居住着很多高级知识分子。例如，京汉铁路总设计师华南圭，防疫专家、中华医学会首任会长伍连德，医学教育家、社会活动家吴阶平，著名妇科医生林巧稚，北京大学物理教授、剧作家、北京图书馆馆长丁西林，文学家沈从文等。京剧大师梅兰芳的私人住宅也在相邻的无量大人胡同（后更名为红星胡同）。

伍连德从1910年至1932年，组织扑灭过东北、上海等地多次霍乱和鼠疫疫情，功勋卓著。吴阶平在20世纪40年代，在东堂子胡同开办过儿童医院。同时期林巧稚也在胡同中自己的住所内，开办了妇科诊所。这条胡同在清末时，还开设有总理各国事务衙门和培养洋务人才、翻译外交文件的京师同文馆。

一条小小的胡同，像一面镜子，映射出中国近现代发展的轨迹……

《新青年》编辑部——陈独秀故居

2021年，国内的许多电视台都播放了《觉醒年代》这部电视剧，北京东城区箭杆胡同9号，这座中国共产党的主要创始人陈独秀曾居住过、战斗过的小院，第一次走进亿万中国人的视野中。

革命运动的策源地——五处"红色"名人故居

　　这座小院占地只有 254 平方米，位于东西向胡同的南侧，院门为京城内常见的窄小的如意门。对开木门的上方，有一对门簪，门前有一对顶端雕有石狮的箱式石门墩。门墩表面如古松外皮一般脱落斑驳，印证着小院久远的历史。2001 年，此院被北京市人民政府公布为北京市文物保护单位，名为"陈独秀旧居"。可那时小院还是一座多户居住的民居。此后多年间，院中私搭乱建的小厨房、彩钢棚越来越多，门楼过道墙上挂着的数块电表（一户一表）、两边堆放的杂物让中间的过道变得

狭窄又凌乱。负责文物保护的北京市文物局，拥有的财政拨款只能用于文物修缮，并巡察监管其不塌不毁，没有经费和职责解决居民的搬迁，更无权决定宣传和开放陈独秀故居。陈独秀终究是中国共产党发展史上一位极特殊的人物。

陈独秀于1879年10月9日，出生于史称"文化之邦"的安徽省安庆市。其少年丧父，自幼跟随祖父学习四书五经，17岁参加童试便考中秀才。由于接触到了西方的先进文化思想、又目睹了清王朝封建统治的腐朽没落，科考没过两年，他就毅然地走上了推翻封建统治的革命道路。此后几十年间，他经历了被学院开除、逃亡国外留学、参加进步革命团体、办报撰写文章宣传新思想、参加反对袁世凯复辟运动、参加反对北洋军阀政府运动……并多次被捕入狱，可谓不是正在革命中，就是在奔赴革命的路上。1921年，他又接受了马克思主义思想，与李大钊一起筹划创建了中国共产党。

陈独秀二十多岁时与蔡元培相识，还参加过其组织的反清运动。他曾赋诗表明自己视死如归的决心："仗剑远游五岭外，碎身直蹈虎狼秦。"1916年12月，蔡元培当上北京大学校长后，三顾茅庐。蔡元培在陈独秀还未起床时就来到其所住旅馆，邀请他心中"确可为青年的指导者"的陈独秀到北京大学任教。

1917年1月，年近40岁的陈独秀被聘为北京大学文科学长。他举家从上海来到北京，租住了离北大红楼只有1千米的箭杆胡同9号院这座小院。他与妻子高君曼，以及他们的一儿一女，在这里一共居住了3年时间。他另外两个年长的儿子陈延年、陈乔年当时在上海读大学未同来。后来二人又都于1919年底赴法勤工俭学，之后都成为中国共产党的地方负责人，分别在1927年、1928年英勇就义。陈独秀来北京时，由他一人独立创办的《新青年》杂志也随之转到北京，小院"兼职"为《新青年》编辑部。当时编辑部占用了院内的四间北房，南侧三间正房为陈独秀夫妻二人和小儿子陈鹤年、女儿陈子美的住房。当年，《新青年》的骨干胡适、钱玄同、刘半农和鲁迅兄弟二人都经常到访小院。

《新青年》杂志搬入小院后，在院内成立了有鲁迅、李大钊、胡适、沈尹默、高一涵等人参加的编委会。《新青年》杂志中的文章，文体全部采用白话文，并经常刊登新体诗。蔡元培以及青年时的毛泽东都曾在杂志上发表文章。一篇篇文章如同匕首和投枪，从这个小院中发出，刺向反动军阀、射向封建残余势力。一份份稿件如洪亮的钟声，在小院中敲响，唤醒沉睡在封建思想礼教中的民众。这座外表平凡的小院，成为现代中国新文化运动的总部。几位志同道合、为民族未来摇旗呐喊的先行者，在小院中商议创办了"主张公理、反对强权"的报纸——《每周评论》。1917年，俄国十月革命胜利，陈独秀进行深入报道，认为它是"人类社会变动和进化的大关键"。1919年，

《每周评论》还摘发了马克思所著《共产党宣言》的部分章节。由于院落太小了，蔡元培还在北京大学内为他们提供了编辑、活动场所。

陈独秀的言行，无疑触碰动摇了反动军阀统治。不仅他自己被捕入狱，也给身为校长的蔡元培带来压力。反动势力一次次给蔡元培施压，攻击诋毁陈独秀。蔡元培虽然一方面力保陈独秀的教授职位，一方面又不得不采取了文理合并、不设学长的缓兵之计来应付反对派。可性格耿直、一向桀骜不驯、特立独行的陈独秀对此无法接受，决定离开北京大学。1920年2月，他出狱后离开北京回到上海，开启了他与留在北京的李大钊共同创立中国共产党的伟大事业。

1929年，当时的苏联政府为保留对中国东北地区铁路的所有权，与代表国民党政府的张学良发生冲突，并最终演变为局部战争。当时，中国共产党仍受苏联共产党指导的共产国际领导。共产国际要求中国共产党积极表态，支持苏联。而原本就与共产国际有一定分歧的陈独秀，却没有执行共产国际的命令，并于1929年11月被开除党籍。1932年10月，他又被国民党逮捕，直到全面抗战爆发后才于1937年8月出狱。1942年5月，辗转到重庆江津居住的陈独秀，在贫困潦倒中去世，留下了"岁晚家家足豚鸭，老馋独噬武荣碑"这一令人唏嘘的诗句（别人家春季来临时都能吃上肉食，贫困的他只能以研读古代碑帖来代替）。

2015年，西城区政府出资对陈独秀故居中的住户进行了腾退搬迁，并开展了修缮工程。小院东侧原有厢房一间半，西侧原来也有房屋，后来因与其比邻的国家机关增建楼房而被拆除，只好砌筑了一道院墙。2021年，在庆祝中国共产党成立一百周年之际，在小院北房内设置了《历史上的新青年》展览，在南房设置了《陈独秀在北京》专题展览，西侧墙面镶嵌了反映《新

青年》编辑部的铜浮雕，对全社会开放。故居在展览设计方面也是大胆创新，复原了热播电视剧《觉醒年代》的个别场景、展出了多件电视剧中的道具，使参观者有一种似曾相识的亲切感。北房门外，在当年原位置还悬挂了复制的"新青年社编辑部"木制牌匾，屋内墙上突出展示了221篇在《新青年》上发表的重要文章，并在下方配有电子触摸屏可以仔细查阅。小院现已成为北京红色旅游的重要网红打卡地。

顺着当年陈独秀上班曾走过的路线，从小院步行3分钟就可走到北京皇城遗址公园，继续走10分钟就可到达同样在2021年布置了展览，对社会开放的北京大学旧址——北大红楼。它如今已开办为中国共产党早期北京革命活动纪念馆，楼内阅览室等多处房间复原了1919年时的场景。这两处利用革命文物开办的纪念馆，成为许多青少年缅怀革命先烈、探寻红色基因的首选之地。

后园墙外有两棵枣树——鲁迅故居

"在我的后园,可以看见墙外有两株树,一株是枣树,还有一株也是枣树。"这句话出自鲁迅散文集《野草》中的《秋夜》,这篇散文因入选了初中语文课本而为世人所熟悉。重复的景物描写,反映了鲁迅当年的苦闷。鲁迅所居住的这座小院,如今已开辟扩建为纪念馆。

鲁迅，作为中国现代文学巨匠、思想家，在国内外多座他曾居住过的城市，包括北京、上海、广州、厦门、绍兴、南京以及日本仙台，都开设了纪念馆。而北京的鲁迅纪念馆在其中占有多项之最：藏品数量最多——3万余件，包括鲁迅早年所写的地质学论文手稿、在日本仙台医专的学习笔记；占地规模最大——1.3万平方米，包括占地400平方米的故居四合院，新建的现代化的办公楼、展厅、藏品库房、景色秀美的花园绿地；开馆时间最早——1956年10月19日；行政级别和文物级别最高——纪念馆为国家文物局直属正局级事业单位，故居建筑为全国重点文物保护单位。

纪念馆位于西城区阜成门内宫门二条，门前有专属大道向南通向京城的重要交通干线阜内大街。纪念馆临街有宽阔高大的仿古式门楼，进门后是一座中心花坛，一座下方有花岗岩方形基座的汉白玉鲁迅半身雕像，矗立在花坛中央。鲁迅雕像身披长围脖、注视前方，目光深邃，神情肃穆。观众一进入馆内，心中就立刻肃然起敬。花坛北侧是二层的鲁迅生平陈列厅，外观为仿古建筑，屋顶为较高档的筒瓦卷棚顶。花坛西侧是现代化办公楼，楼顶同样是仿古样式。花坛东侧是销售书籍和纪念品的鲁迅书店。与这些高大精美的建筑相比，在馆内西侧偏安一隅的原有故居建筑，反而显得很"渺小"。

鲁迅与陈独秀一样，能来到北京，也是因为蔡元培的邀请。

鲁迅从 21 岁起曾在日本留学七年，虽然在仙台医学专科学校学医，可由于学校内多是日本学生，他十分孤独、苦闷；加之课间还放映日本侵略军在我国东北砍杀中国人的幻灯片，更让他愤慨。没等到毕业，他就悲愤地离开了学校。其后，他跟随在日本居住的国学大师章太炎学习国学。没有留学文凭这块金字招牌的鲁迅，回国初期只能在故乡浙江省的师范学校教书为生。还是慧眼识珠的同乡蔡元培，把他聘到了在南京市刚成立的国民政府教育部工作。1912 年，袁世凯掌权后国民政府搬至北京，鲁迅在当年 5 月也随即来到北京，同来的还有他的母亲和母亲给鲁迅指定的妻子朱安，以及二弟周作人、弟媳羽太信子（其妹妹羽太芳子嫁给了鲁迅三弟周建人为妻）。一大家子人先是一起住进了北京南城南半截胡同的绍兴会馆。这座会馆规模巨大，租住有几十户人家。那一时期，城南的会馆住进了很多"北漂"文化人。初来京城，鲁迅很不习惯这里的气候和环境，对京城浓重腐朽的封建官僚气息很不满。可为了一家人的生计，他只能按时上班工作，业余时间以研究碑帖、古籍排解郁闷。不过令人欣慰的是，鲁迅在北京还有几位知心朋友经常往来。其中有一位可以算作鲁迅一生中，除蔡元培之外的另一个"贵人"——同为章太炎学生的钱玄同。钱玄同十分了解鲁迅的思想和文笔，极力劝说鲁迅别总是研究碑帖、古代小说，应该写一些文章唤醒民众。鲁迅不负所望，1918 年 5 月，在陈独秀主编的《新青年》杂志上发表了中国现代史上第一部白话体小说《狂人日记》。其后，他正式加入了杂志的编辑工作，不断发表反对封建礼教和军阀独裁的杂文。《新青年》是当时中国新文化运动的阵地，而鲁迅则迅速成为新文化运动的主将和旗手。他试图为中国人开辟一条新生之路。鲁迅纪念馆展厅内的一面墙上，刻写了鲁迅曾说过的一句话："什么是路？就是从没路的地方践踏出来的，从只有荆棘的地方开辟出来的。"

1919年，由于经济状况好转加之变卖了故乡祖产得到了一些款项，鲁迅一家购买并搬到了西城八道湾胡同11号，一座中型四合院。鲁迅住在前院，周作人一家人和三弟媳羽太芳子住在后院。蔡元培、李大钊、胡适、毛泽东等，都曾到此拜访过鲁迅。鲁迅在此写出了《阿Q正传》《故乡》《社戏》等可流传千古的名篇。1922年，俄国盲人作家、北京大学教授爱罗先珂也曾借住院内一年半。此院如今位于北京市第三十五中学校园内，学校还在此建立了八道湾鲁迅纪念馆，成立了"中国鲁迅立人教育研究会"和北京三十五中李大钊研究会。

鲁迅原本以为搬入了新家，一家人以后的日子一定会是团圆和睦、其乐融融的。可二弟的一封信，让鲁迅又不得不另寻住所。1923年7月19日，二弟周作人一声不语地把一封短信塞进大哥手中转身离去。信中未细述任何详情，只表示对"鲁迅先生"的失望，并说明"以后请不要再到后院子里来。没有别的话，愿你安心、自重。"据鲁迅母亲后来回忆，主要缘由在于周作人的那位追求奢华、爱慕虚荣的日本妻子从中挑拨，周作人那时的工资已高于鲁迅。被误解的鲁迅只能再次搬家，远离二弟一家人。搬家之日，兄弟二人又激烈争吵起来，周作人拿起一铜香炉扔向鲁迅的头部，鲁迅也抄起一件陶瓦枕回掷，还好中间有人劝架，二人均未受伤！

　　经过在砖塔胡同一小院内短暂的蜗居，1924年春天，鲁迅借款购置了阜成门内的一座只有六间房屋的破旧方形小院（原门牌号为"四区西三条21号"）。正房是阴阳合瓦、过垄脊的普通平房，厢房则是更为简朴的平顶房。可这终究是自己的家，鲁迅亲自重新设计，对小院房屋进行了简单的装修，并在院内亲手种下了两棵丁香树。小院的院门朝南，像北京所有的四合院一样开在院子的东南角。可它没有门楼，只是在院墙上

历史的礼物：北京名人故居

开了一个拱券式门洞。京城人俗称随墙门或是"鸦不落"。院中的南房被鲁迅改建成会客室兼书房，院中新建的西厢房辟为厨房、东厢房辟为女佣住房，北侧的三间正房，中间是厅堂，东侧一间为鲁迅母亲的卧室，西侧一间为其原配夫人朱安的卧室。鲁迅抽烟较多，又常晚间写作，为了给自己留一个独立空间，他在厅堂后墙开了一个门，在后面又接出了一间东西狭长的小房，鲁迅写作、睡觉全在这间小房内。小房朝北向有一排玻璃窗，透过窗户可见后院的水井、绿树。北京人把这种建筑布局和房屋形象地称作"老虎尾巴"。整个小院像老虎，这座隐藏在最后的房子就成了老虎尾巴。而鲁迅则认为自己以笔纸作刀枪与反动政府对抗，如同绿林好汉，因而他给自己的小屋起名"绿林书屋"。从小屋的北窗向外望去，还可见隔壁院落的那两棵被鲁迅写入散文《秋夜》中的高大枣树。鲁迅在这座小院中度过了两年多难得的平静生活，写下了《华盖集》《续华盖集》《野草》三本文集和多篇杂文、散文。他闲暇或苦闷时常出阜成门西行，去钓鱼台游览古迹，带家人去动物园（当时称"万牲园"）参观。鲁迅把此时作品的文集起名"华盖集"，究其缘由，可以在他写的一首自嘲诗中找到答案："运交华盖欲何求，未敢翻身已碰头。破帽遮颜过闹市，漏船载酒泛中流。横眉冷对千夫指，俯首甘为孺子牛。躲进小楼成一统，管他冬夏与春秋。"华盖是我国古代时人们给天上一星座起的名字。传说如果有人

命犯华盖，必然倒霉、背运。鲁迅心中和笔下的"华盖"，是指当时黑暗的军阀统治和没落的社会风气，以及自己的处境。那时他与二弟闹翻，确实似"破帽遮颜"不愿见人。但是，他仍如孺子牛一般努力耕耘。小小的"老虎尾巴"，给了他一个发出光和热的空间。

值得欣慰的是，在这里居住期间，鲁迅收获了真正的爱情。鲁迅与原配夫人朱安的婚姻，是被母亲逼迫而成的。二人几十年间没有说过几句完整的话，从未在一个房间内居住。他多次请求离婚,可鲁迅母亲和朱安都是受封建思想束缚的妇女,二人还都缠足,接受不了这种结局。孝顺的鲁迅只能维持这种无情无爱、无言以对的旧式"婚姻"。

1923年,鲁迅在北京女子高等师范学校(1924年改名为北京女子师范大学)讲学。25岁的广东姑娘许广平恰好是该校学生,娇小的她常坐在教室第一排听课。鲁迅渊博的学识、深邃的思想和近在咫尺的高大身形,深深地打动她的芳心。教学中,鲁迅还时常参加学生们在北海公园等地组织的茶话会,与许广平等进步学生一起探讨艺术与人生、针砭时弊。1925年,临毕业时心中盘踞着困惑和迷茫的许广平,向心中崇拜的老师写信求助,热心的鲁迅当天就回了信。此后二人不断书信往来,爱情的种子悄悄地、顽强地萌发,破土而出。1925年,北京女子师范大学爆发了学生运动,要求罢免欺压进步学生的校长杨荫榆。许广平是学生自治会的带头人之一,在革命运动中,与支持学生的鲁迅进一步发展成为志同道合的战友。在军警特务抓捕她时,她和另一位女同学一起躲避在鲁迅家中多日。同年,鲁迅因支持学生运动被北洋政府教育部免去教授职务。

1926年,在爆发了北洋政府屠杀进步学生的"三一八"惨案后,鲁迅又在这间"绿林书屋"中写下了著名的《纪念刘和珍君》。也因这篇文章,鲁迅进入了反动军阀的"黑名单"。同年8月,鲁迅为了生计应聘厦门大学,与许广平一起离开了北平。他们一个去了厦门，一个回到故乡广东。1927年1月，鲁迅为了与恋人在一起又去了广州中山大学教书，二人终于牵手走在了一起。同年，鲁迅还会见了当时的中共两广区委书记、好友陈独秀的儿子陈延年，并到黄埔军校发表了演讲。爱情给鲁迅的生命注入了新的激情与活力。这一年，鲁迅46岁、许广平29岁。

鲁迅离开了阜成门内这座小院之后，鲁母和朱安仍在小院内居住，鲁迅也按时往家中寄钱。鲁迅还曾于1929年、1932年两次回京探望母亲，仍住在这座小院内。鲁迅去世后，许广平一直坚持给朱安写信寄钱，其情切切。

1947年，朱安病逝，中共地下党组织通过北平高等法院的关系，查封了小院。1949年10月19日，新中国刚刚成立不久，小院便对社会开放。许广平将小院与鲁迅的藏书、文物全部捐献给国家。

如今，小院北房和"老虎尾巴"都按鲁迅生前原状进行陈列，其他房间开辟为展室。在"老虎尾巴"中，鲁迅使用过的单人床、书柜、藤椅、三屉桌都是按原位置摆放，书桌上摆放的也是鲁迅当年使用的煤油灯、闹钟、笔筒、笔架等。可以看出，那时的鲁迅，生活非常简朴，写作环境也比较简陋。

在纪念馆新建的展厅中，不仅有展示了鲁迅的生平和他对中华民族的影响的众多遗物、著作手稿、图片等，也陈列有其他几处鲁迅旧居的模型,包括他童年生活的"百草园""三味书屋"。

鲁迅于 1936 年 10 月 19 日,在上海去世。如今,八十多年过去了,社会早已变革,可中国几千年封建思想的余毒,仍残留在一些人的身上。当人们观看展览时会深深地感受到,鲁迅先生所开出的良方今天依然有效,他的呐喊依然振聋发聩。

前"店"后家——京报馆与邵飘萍故居

北京古城的大前门（正阳门）外，自明清至北洋时期，一直是经济最繁荣的地方。人以群分物以类聚，经过数百年的经营发展，这里逐渐形成了多个特色商业区域。离城市中轴线和城门最近的区域，以满足人们衣食住行之需的商铺为主，再往南在城市中轴线西侧的珠市口、琉璃厂一带，则大多经营珠宝首饰、文玩书画，以满足人们精神生活的商铺为主。那时的商铺，尤其是首饰店和文玩店铺，全都是"前店后家"模式：临街为店铺，后面为住宅和加工厂、库房。整个区域内的建筑，全部是平房四合院，古色古香。然而1920年，在这一区域的魏染胡同中，出现了一座别有洞天的西洋式二层楼房，它所开展的业务更是寻常商家所不能为的业务——新闻报社。报社的主人，是一位在中国新闻史上惊天地、泣鬼神的人物。这家报社就是京报馆，它的主人名叫邵飘萍。

邵飘萍，1886年出生于浙江金华。江浙一带自古经济发达，民间重视教育。邵飘萍自幼进入私塾学习四书五经，成绩优异。可清末时期，清政府腐败无能，许多仁人志士开始传播新思想，号召推翻封建政权、寻求民族解放独立。少年时期的邵飘萍，一接触到这些思想观念，就为之吸引。那时，侠女秋瑾的故事在家乡广泛传播，他大胆地给这位心中的偶像写信表达崇敬之情。秋瑾在英勇就义前，竟然也挤出时间给这个可爱的小朋友回了信。革命的火种自此埋入邵飘萍的心中。

青年时期的邵飘萍从高等学堂毕业后，在故乡金华担任教师。同时他还为一些大城市的报社充当通讯员，不停地编写地方通讯，报道江浙地区的时事。他还常常模仿梁启超等学者大家，撰写一些针砭时弊的评论文章，很受读者喜爱。

1911年，25岁的邵飘萍大胆地拜访报业前辈杭辛斋。因邵飘萍有思想、有见识、文笔犀利，杭辛斋便委任其为杭州《汉民日报》的主笔。此报的宗旨为："以尊崇人道，提倡民权，激励爱国尚武之精神，建设安全无缺之共和政府为唯一宗旨。"由于报纸拥护宣传孙中山，抨击反对篡权卖国的袁世凯，1913年，报社被袁世凯政府以"言论悖谬、扰害治安"的名义查封，邵飘萍被捕入狱。

1913年底，邵飘萍出狱后留学日本，在那里拜见了孙中山和李大钊，进一步坚定了新闻救国的信念。1916年，回到国内的邵飘萍创办了中国第一家新闻编译社。那时的中国人刚刚冲破几千年闭关锁国的封建牢笼，很希望了解世界；而世界也渴望了解这个动荡变革中的东方古国。邵飘萍的编译社，满足了双方的需要，每天不停地编译国内外新闻，再发送给国内外报社，收取编译费、稿费。1918年，他又筹资在古都北京开创了《京报》，同时还受蔡元培之邀，到北京大学新闻学研究会为青年学子授课，编写了《实际应用新闻学》教材。毛泽东、杨开慧、高君宇、罗章龙等许多中国共产党的创始人，都听过他的课程。

《京报》不断报道百姓的疾苦、工人的罢工运动，邵飘萍本人也积极参与了五四运动，在大学中发表演讲，撰写文章批驳反动军阀，使得该报在全国声名鹊起。他还资助早期中国共产党的分支机构出版革命书籍，秘密地加入了中国共产党。

革命运动的策源地——五处"红色"名人故居

历史的礼物：北京名人故居

1920年，为《京报》的进一步发展，邵飘萍在魏染胡同买下两所院子，并由报社总经理、曾在日本名古屋学过建筑的吴定九亲自设计、组织施工，建成了临街的二层办公楼。报社大楼位于胡同东侧，大门向西，平面呈南北狭长的长方形，钢筋混凝土结构，平顶西式风格。大门位于楼正中，门前有两根西式罗马柱，支撑着上方用于遮雨的门头，门头下有邵飘萍题写的"京报馆"匾额。

进入京报馆楼内，门厅右侧是营业部，是与客户洽谈广告、发行等业务的地方，门厅左侧是传达室和通向二层的楼梯。在二层楼梯口南侧为一大一小两个房间，外屋大间为编辑部，里屋小间为经理吴定九办公室，外屋内有一张可围坐十余人的巨型办公桌，每日里编辑们聚集在桌前编辑新闻稿件、安排设计报纸版面。二层楼梯北侧则为邵飘萍的办公室，报纸的最终审定由他负责。穿过一楼门厅，后面是两座相通的四合院，邵飘萍一家人就住在院内。1920年4月20日，《京报》新址正式启用。那时鲁迅、潘公弼、石萍梅等许多进步文化名人都为《京报》撰写稿件。邵飘萍本人也积极宣传马列主义，出版传播马克思主义的书籍。他支持南方孙中山领导的民主革命，并与有革命倾向的冯玉祥将军结为朋友，成为他的高等顾问。他声援冯玉祥改制成为国民军，与张作霖、吴佩孚的军阀联军作战。《京报》也不断披露军阀的暴行，他的夫人汤修慧还协助他开展采访和组稿工作。他还派另一位夫人祝文秀，为郭松龄、冯玉祥两股抗击军阀张作霖的革命势力穿针引线，传递情报。

1926年，反动军阀张作霖打败冯玉祥进驻北京。邵飘萍躲进了租界区的六国饭店避难。可张作霖并没有打算就此放过邵飘萍，一直派特务在饭店和报馆周围严盯死守。一天晚上，邵飘萍为处理报社事务和家事，不得不离开了六国饭店，不幸在半路被捕。张作霖立刻以"宣传赤化"的罪名将其杀害。早在担任《汉民日报》主笔时，邵飘萍就曾立下誓言："报馆可封，记者之笔不可封；主笔可杀，舆论之力不可杀。"他用生命践行了自己的誓言。

1928年6月1日，在北伐革命军的强大攻势下，张作霖离开北京，其后阎锡山统领的国民革命军第三集团军进驻北京，彻底结束了北京十余年的军阀统治。《京报》在汤修慧女士的运作下，重新复业。可好景不长，1937年日军攻占北京，汤修慧带领全家人和报馆同仁赴南方避难，《京报》彻底在北京消失。

新中国成立前夕，1949年4月，毛泽东主席亲自批复，追认邵飘萍为革命烈士。其遗骸被葬入八宝山革命公墓，与他的老朋友李大钊的公墓相邻。二人当年被杀害的时间只相差一年零两天。党和政府也十分关心邵飘萍家人的生活，特将原报馆后院的部分房屋发还给汤修慧一家人。可"十年动乱"期间，汤修慧又被遣返回了浙江老家，京报馆楼房和两座四合院都成为拥有十余户居民的大杂院。改革开放后，汤修慧偕同部分家人回到北京老宅的三间北房居住。1986年3月，汤修慧去世，享年96岁。2021年，在中国共产党建党一百周年之际，中共北京市西城区委和区政府积极开展京报馆居民腾退、文物修缮和开放筹备工作，北京日报报业集团主持了展览的大纲撰写、设计施工。修缮后的京报馆占地1120平方米，建筑面积820平方米。京报馆楼内二层的编辑部、邵飘萍和吴定九的办公室，按 20 世纪 20 年代报社营业期间的原貌恢复，室内布局和桌椅、文房用具，都保持了当年的样式，屋内墙面布置了《京报与京报馆》图片展览。

京报馆内两座四合院内的各房间，展出了《邵飘萍生平事迹展》和《百年红色报刊展》。2021 年 6 月 1 日，京报馆正式对全社会免费开放。2023 年，京报馆又被北京市文物局公布为"类博物馆"，邵飘萍的孙子邵澄也经常回故居开展文化传播活动。

报馆四合院的庭院中，陈列了一座半身邵飘萍雕像，院中邵飘萍当年亲手种下的石榴树，每年春季仍然红花朵朵、如火如荼，与屋内的红色展览相互呼应。在京报馆主楼大门东侧正面的房屋墙壁上，镶嵌了以邵飘萍手书真迹为蓝本制作的金色大字"铁肩辣手——飘萍"；在侧面白色山墙上，也镶嵌了一行金色大字："他是新闻学会的讲师，是一个自由主义者。一个具有热情理想和优良品质的人——毛泽东"。

"初心"与"使命"诞生地——李大钊故居

文华胡同，原本是北京城区内一条十分普通的小胡同，长300米，宽5米，胡同以低矮、紧凑的小型四合院为主，每座院内都挤住着多户普通人家。但是，在胡同中部北侧有一座只开了一道简陋随墙门的"倒座三合院"（只有东西北三个朝向的房屋，没有朝南的房间），却有着不平凡的身份与身世。

20世纪90年代初，文物部门曾对小院进行过调查登记，只有约200平方米的小院居住着六户人家，进门左手是依院墙搭盖了油毡遮顶的公共厕所。而公厕临街的墙外侧，则镶嵌着一块长方形石制标志牌，上面刻写着"北京市重点文物保护单位李大钊故居，北京市革命委员会一九七九年八月二十一日公布，北京市文物事业管理局一九八一年七月立"。顺着门口向下的斜坡走进院内，北侧有三间起脊的正房，它两侧各有两间耳房，院东西各三间平顶厢房。院中间搭盖了好几间小厨房和抗震棚。院中原有的李大钊亲手种植的两株海棠花，已难寻踪迹。当年，李大钊在北京大学任图书馆主任，工资还是较高的。但是，他将三分之二的收入都投入到革命活动中，并且还出资创立了两所学校。一所为故乡乐亭的大黑坨小学。他曾为学校题写对联："学校造人才为改造社会，读书为做事不是为做官"。另一所为北京的志成中学，他提出的办学宗旨为："惊变民族落后，发展教育事业，培养栋梁之材，有志者事竟成"。生活俭朴的李大钊每天步行上下班，而这座小院离北大红楼不算太远，租金又较低廉。1927年，李大钊被捕后，民众上呈的请愿书中如此描述李大钊："黄卷青灯，茹苦食淡，冬一絮衣，夏一布衫，所受辛苦，有非笔墨所能形容。李氏私德尚醇，如冬不衣皮袄，常年不乘洋车，尽散月入，以助贫苦学生。"

自这座小院被公布为文物保护单位后，许多专家和学者都曾呼吁腾退居民、修缮开放。李大钊的后人中有多位都身居要职，其长子李葆华曾任中国人民银行行长兼党委书记。但是，为了避嫌，他们从未向任何机构和组织要求过腾退居民、修缮故居。可是，党和人民政府没有忘记李大钊这位中国共产党的创立者，这位在敌人绞刑架下威武不屈的烈士。在中国早期共产主义运动的领导者之中，李大钊是年龄最小的，却是牺牲时间最早的，他英勇就义时年仅 38 岁。

李大钊出生在河北乐亭，27 岁时来到了北京，并在这里度过了 10 个春秋。北京既是他的第二故乡，也是他开展革命运动的主要阵地。他是中国第一位系统研究、传播、践行马克思主义的革命先驱。他在北京租住过多个地方，而 1920 年春天至 1924 年 1 月，他开展革命工作最繁忙、革命成果最多的这四年，就是在这座小院中度过的。这四年中，他发表了 182 篇文章（约 50 万字）；参加会议 120 余次，会见了国民党创始人孙中山、共产国际代表维金斯基等人，与陈独秀共同商议并确定：创办中国共产党。

为了展示宣传李大钊的革命事迹，2006 年，党和政府下决心搬迁了故居和其南侧相邻院落的 36 户居民，并拨款进行故居修缮和纪念馆建设工程。北院故居范围，按照当初李大钊一家人的生活原貌，复原了故居内的房屋陈设，庭院中重新种植了海棠花。2007 年 4 月 28 日，在李大钊就义八十周年之际，故居对社会开放。

如今，走进故居纪念馆，一进门迎面可见鲜花簇拥的李大钊半身像，常有学校组织少先队员来此献花、宣誓。左转进院，右侧的西厢房，是李大钊先前的书房和会客厅。李大钊在这间屋内曾接待过早期共产党人邓中夏和中共"一大"代表包惠僧。屋内按原来的位置摆放着旧式写字台、书柜等家具和文房用具。其中，最引人注目的是一架靠窗户的老式风琴。据他的子女回忆，风琴与其他家具都是李大钊当年在旧货市场买的二手货。李大钊当年就是用二手的老旧风琴，教孩子们学唱了《国际歌》

《少年先锋队歌》。1921年12月，李大钊邀请了罗章龙等人，在这间屋内召开了中国共产党北京区委全体会议，探讨如何发动革命运动、壮大革命组织。会后，大家又是以风琴伴奏，合唱革命歌曲。那一时期，毛泽东、周恩来都曾亲耳聆听过李大钊的教诲。

小院其他房屋，虽然陈设依然非常简朴，可屋内的每一件展品，都蕴含着许多感人的故事。小院正房堂屋正中墙面上，挂有一副李大钊手书对联——"铁肩担道义，妙手著文章"，它向所有观众展现了李大钊的人生志向。屋内靠东墙有一台老式电话，那是当年北京大学教授的标配。在旁边西耳房的书柜中，展示着一副手工制作的军棋棋子和棋盘。据李大钊子女回忆，当年他们的父亲就是这样亲手给他们制作棋子、棋盘，同他们一起游戏的。

在东耳房李大钊和赵纫兰的卧室中，中国北方农村最常见的土炕占据了大半间屋。这是李大钊为照顾妻子的生活习惯而亲手"盘"的。它应当是全国所有名人故居中唯一的一座炕。李大钊在炕头上把原本目不识丁的妻子教成了能通读《红楼梦》的知识女性。从这间屋子的窗户可以望见东厢房，那里就是长子李葆华的卧室。父母希望长子像从东方初升的太阳一样，给家人和人世间带来光明和希望。1927年，奉系军阀曾搜查小院，寻找李大钊组织革命运动的证据。在此之前，李大钊已躲进了

革命运动的策源地——五处"红色"名人故居

苏联大使馆。

　　清末时,日本曾与俄国在中国东三省展开了一年多的日俄战争,百姓流离失所、生灵涂炭,日、俄两国则共享在东北的特权。张作霖自从在东三省掌权后,就十分憎恨"老毛子"(东北人对俄国人的俗称)。而宣传"赤化"、与苏联人交好的李大钊,自然被他当作心头大患。尤其是李大钊还与南方的国民政府保持密切联系,鼓励过奉军内的反对派郭松龄武装起义。

1927年4月6日，奉军部队在租界区内众多帝国主义国家代表的纵容下冲进苏联使馆，将李大钊等80余人逮捕入狱。4月28日，反动军阀凶残地对李大钊等20名革命烈士施以绞刑。如今，那具绞刑架已收藏在中国国家博物馆，被定为0001号文物，并于2021年在中国共产党历史展览馆展出。

在故居纪念馆新开辟的南院展厅中，陈列着《播火者——李大钊革命思想与实践》专题展，展示了李大钊一生的革命历程。展览中不仅有珍贵的历史照片和文献，还有反映他们开展革命活动的多幅油画和视频。视频中一段极为珍贵的8秒钟视频素材，记录了1924年6月，李大钊在苏联参加共产国际会议的情景。细观展览，可以感受到李大钊思想的深邃和目光的远大。他当年播下的革命火种，如今已在华夏大地开花结果。

有一句格言说："要想走得快，就一个人走；要想走得远，就一群人一起走。"在20世纪初二十年代左右，以蔡元培为"群主"，以北京大学教师学生为"群友"，以"群友"的住宅为主要活动地点，一群志同道合的人，为了挽救国家和民族的命运走到了一起。2021年，北京大学旧址"北大红楼"和这些先辈的多座故居都已对社会开放。它们不仅可以成为人们凭吊先烈重温历史的场所，更可以成为当代人淬炼自身理想信念的精神家园。在这里，我们能更真实地感受到先辈们思想的温度，体会到那些真真切切存在的红色基因。

近现代中国文化艺术的缩影
——四位艺术大师故居

深厚的文化底蕴和良好的文化氛围，政商名流云集而形成的强劲文化消费能力，使得古都北京几百年间一直吸引着各地的艺术巨匠涌到这块风水宝地，并在这块宝地上创造出了足可彪炳千秋的艺术杰作。而新中国成立之初，全国许多知名的艺术家被中央政府请到首都北京，大多还委以重任。

伊人远去，故宅仍存。院中的鲜花仍然盛开，屋内的展览和依照大师们生前原状布置的居家陈设，仍可让人们更真切地领略他们当年的风采，他们的喜怒哀乐、悲欢离合。如今，京城内有四位艺术大师的故居已对社会开放，而这四位巨擘足以代表其所在领域中国现当代艺术发展的最高水平，并可映射出中国现当代艺术家们在人生和追求艺术道路上的艰辛与顽强。

他们的故居，当年也是"谈笑有鸿儒，往来无白丁"，国内外无数的艺术家、名人来此拜访，与主人一起探讨艺术与人生。几座文化名人故居，浓缩了现当代中国艺术史。

一东一西一公一私——两座齐白石故居

2014年10月15日，习近平总书记在全国文艺工作座谈会上的讲话中指出："从五四时期新文化运动、新中国成立到改革开放的今天，产生了灿若星辰的文艺大师，留下了浩如烟海的文艺精品，不仅为中华民族提供了丰厚滋养，而且为世界文

明贡献了华彩篇章。"讲话中习近平总书记还提到了鲁迅、郭沫若、茅盾、巴金、老舍、曹禺、聂耳、冼星海、梅兰芳、齐白石、徐悲鸿十一位中国近现代艺术大师的名字。

与其他十位艺术大师相比，齐白石绝对可以算是"殊方异类"。他是唯一一位"草根"出身、晚年成名的艺术家。而就是这样一位"草根"出身、五十多岁时还默默无闻的"画匠"，晚年不仅被国家授予"人民艺术家"称号，周恩来总理亲自出席庆祝宴会，而且还当选为中国美术家协会第一任理事会主席。齐白石诗书画印无所不精，一生笔耕不辍，传世画作数万幅，名扬四海。齐白石还在世时，西班牙艺术大师毕加索，就曾苦心临摹其画作。

齐白石于 1864 年生于今湖南省湘潭市湘潭县白石镇杏子坞。据《白石老人自述》记载，他是"穷窝子里生长大的"。他出生那一年，曾国藩带领湘军攻破太平天国占领的南京，整个大清帝国积贫积弱。他家只有几间破屋，一亩水田。遵从族谱祖父给他起名"纯芝"，字渭青，号兰亭。因中青年时期为求学和生计四处漂泊、寄人篱下、居无定所，齐白石又自取了寄园、寄萍、萍翁、寄萍堂主人、借山吟馆主者、借山翁等别号。

齐白石自幼体弱多病，幼时随祖父学字，八岁在外祖父的资助下入私塾。在私塾学习的一年时间中，他展示出了较高的绘画天赋，但是并不为家人所理解支持。其后的三年间，他度过了白天干农活、晚间自学书画的时光。十二岁时，他家里为他娶了童养媳。十五岁时，长辈们看到齐白石身体虚弱，干农活吃力，又特意关照他，让他跟随远房亲戚齐木匠学习手艺以维持生计。仅过了一年，"心存高远"的齐白石便转拜了另一位做雕花的周木匠为师。由于齐白石谦虚好学、心灵手巧，周师傅视其如子，倾囊相授，他的手艺也被四里八乡所认可。二十岁时齐白石学成出徒，在一次给主顾做木匠活时，他偶然得到了一本残破的《芥子园画谱》。他视为珍宝每日临习，书画功力日益精进。此后便不断有同乡找他创作壁画——那种画在墙壁上、反映吉祥和宗教信仰内容的墙面装饰画。祠堂戏台、寺庙道观、村中农舍都成为他的挥毫之处。在他二十七岁时，同乡的工笔画大家胡沁园，偶然看到齐白石的画作。爱才心切的胡沁园主动找到齐白石，表达愿意提携之意，并与教授国学的好友"老夫子"陈作埙一起收其为弟子。胡沁园鼓励他说："苏老泉（苏洵，宋代文学家），二十七，始发愤，读书籍。你今年二十七岁，何不学学苏老泉呢？！"胡沁园让他寄住于自己家中，并为他取名"璜"，号"濒生"。因离齐家不远有座白石镇，又给他取名"白石山人"。经过两年苦学，齐白石诗书画印皆小有所成，已可以鬻画刻印为生了。他在家乡为富人画像，多时可得四两银子。三十二岁时，他还与同乡的几位文人一起组成诗会，时常聚在一起"谈诗论文，兼及字画篆刻，音乐歌唱"。齐白石已蜕变为一名文艺青年。

　　五年后，齐白石的人生又迎来了一次重大转机。在朋友的引见下，他拜访了名冠天下的鸿儒巨擘王闿运。王闿运，号湘绮，精通经学、诗词歌赋，曾做过清朝咸丰朝高官肃顺的幕僚，还受曾国藩之邀写过《湘军史》和多部地方志。世人赞之"敛雄才于方纪，纳万变于小篇"，而其自评为："春秋表未成，幸有佳儿读诗礼；纵横计不就，空留高咏满江山"。王闿运晚年回湖南开办学堂授课，弟子满天下。齐白石自觉出身贫寒，又不愿让他人以为自己是那种趋炎附势之人，未敢直接拜师。而王闿运性情卓异不凡，他收学生只看重学识人品，而不挑选门第出身。他曾收湖南衡阳的铜匠曾招吉、铁匠张仲飏做学生。经过小小波折，齐白石最终成为王氏的入门弟子。以后的几年间，齐白石又结识了一些高官、文化名人，还被聘到西安教授绘画，在北京还被劝说做官。但是，这些都没能动摇他追求艺术的初心。不过，这些特殊的经历，让从未走出故乡的齐白石，接触到了外面的大千世界。1904年，40岁的齐白石又与张仲飏陪王闿运游历江西南昌，在王闿运的耳提面命下聆听教诲，文化艺术修养再次大幅提高。他与张仲飏也结成了终身好友、儿女亲家。这之后，他又多次受友人之约游历了桂林、广州、香港、上海、南京等地，结识了蔡锷、黄兴等人。经历了8年间的"五出五归"，齐白石眼界大开、格局大升，艺术造诣也逐渐名列湘潭甚至湖南之翘楚。他本想此后在家乡吟诗作画颐养天年。可北洋时期，湖南军阀混战、匪患横行。1917年，在他的好朋友诗人樊樊山的邀请下，他辞别妻母简装赴京，开始了在琉璃厂鬻画、刻章的生涯。同年，在京城画坛已有一定名气的陈师曾偶然看到齐白石的画作，拍案叫绝，主动上门拜访。艺术上的共同追求，使二人成为莫逆之交。那时，齐白石在书画艺术风格上倾心徐渭、朱耷大写意文人画的冷峻、高远、空灵。在日本留过学的陈师曾，敬佩齐白石深厚的功底和画作风格，鼓励他进一步大胆创新，并耐心讲解了世界艺术发展动态和方向。这激发起了齐白石藏于心底的艺术豪情。他开启了在艺术风格上的"自我革命"。他立下誓言："余作画数十年，未称己意，从此决定大变，不欲人知，即饿死京华，公等勿怜，乃余或可自问快心事也。"此后艳丽而丰富的色彩、洒脱不羁的笔墨、红花墨叶的莲荷、世间万物与人间百态，全都现于其笔端。他"为万虫写照，为百鸟张神"，在艺术形式上也达到了"似与不似"之间、别有"天趣"的巧妙境界。

　　1922年，陈师曾携带齐白石画作参加《中日联合绘画展》，轰动日本画坛。法国策展人又选了其中部分作品，赴巴黎艺术展览会展出。齐白石在创新过程中，"几欲变更终缩手，舍真作怪此生难"；他在向前人和周围高手求教时，不一味地临摹、不拘于宗派门第："山外楼台云个峰，匠家千古此雷同。""一笑前朝诸巨手，平铺细抹死工夫。""胸中山气奇天下，删去临摹手一双。""逢人耻听说荆关，宗派夸能却汗颜。"齐白石的画作能称雄华夏，不仅源于其几十年的笔耕不辍，更是源于他这种宁肯饿死也要创新的勇气和博采众家的魄力。

如今在京城老城区内，保存有两处齐白石故居。一处位于西城区民族饭店西侧跨车胡同南口；另一处位于东城区锣鼓巷旁的雨儿胡同内。跨车胡同的院子是他于1926年62岁时才攒足钱购买的，此前他已在京城内多地辗转租住。小院前后两进，院门为一座朝东的小如意门，进门后是狭窄的东院，门北侧有一座门房，门南侧有三间倒座房（房门朝西开向院内），为客厅兼做齐白石的第二画室。小院西南头有一道月亮门，穿过此门可到西部正院，院内有正房和东西厢房，厢房为其子女居住。院北侧三间正房，为齐白石自题的"白石书屋"。为了防盗，他让学生娄师白帮助在房前檐下安置了一道铁栅栏，此屋又被称作"铁栅屋"。小院所有建筑都为青砖灰瓦，房顶为较普通的清水脊阴阳合瓦屋面。在并不十分宽敞的庭院中，齐白石还开辟了两小块花圃，种植葫芦、丝瓜，它们也都成为白石老人的创作源泉，被写生入画。

在这座小院，齐白石接待过梅兰芳、林枫眠、徐悲鸿、胡佩衡等艺中同道。得意门生瑞光和尚、赵羡渔、李苦禅、娄师白等，也常常登门请教。院落虽小，却也宾客不断。而登门请求刻印、购买书画者，更是络绎不绝。但是，在抗日战争期间，极具民族气节的老人，曾闭门谢客，更不与当权的汉奸有丝毫往来。他曾写诗表达对民族屈辱的悲愤："对君斯册感当年，撞破金瓯国可怜，灯下再三挥泪看，中华无此整山川。"他也曾作《鸬鹚图》嘲讽厚颜无耻的汉奸："大好江山破碎时，鸬鹚一饱别无知。"在抗战末期，他还画《螃蟹图》警示规劝那些卖国求荣的人："处处草泥乡，行到何方好！昨岁见君多，今年见君少。"为了阻止这些人上门拉拢，他在家门口贴出告示："白石老人心病复作，停止见客。""画不卖与官家，窃恐不祥。""从来官不入民家，官入民家，主人不利。谨此告知，恕不接见。"齐白石虽然一直是北平艺术专科学校的挂名教授，可他坚决拒领日伪时期学校分发的配给煤。1945年，抗日战争胜利，他兴奋得整夜未眠，写下了对联："莫道长年亦多难，太平看到眼中来。"但是，此后的数年内战，使得齐白石一家人艰苦度日。他19岁的小女儿齐良欢重病时，因得不到及时医治，在小院中离世。直到新中国成立后，齐白石和这个小院才再一次迎来了新生。周恩来总理曾亲自来到小院，探望白石老人。老舍、胡絜青夫妇，吴祖光、新凤霞夫妇，李可染、邹佩珠夫妇等许多文化名人也来此探望老人。

小院常能高朋满座，一方面是齐白石的书画艺术成就吸引着八方宾客，另一方面，齐白石本人也是一个十分重情重义之人，有着极强的人格魅力。1914 年，恩师胡沁园去世时，他创作二十余幅绘画亲自装裱好，在恩师灵前焚烧以祭奠恩师亡灵。1953 年，他的挚友徐悲鸿逝世，他去吊唁时要施跪拜之礼，还是廖静文女士及时搀住才作罢。李苦禅、李可染、王雪涛、凌成竹、胡絜青、新凤霞……只要是真心想向他拜师的，他不论出身、年龄、性别，都收入门下，并倾囊相授。1923 年，李苦禅拜齐白石为师时依靠拉人力车为生，根本支付不了任何学费。

1957 年，94 岁的白石老人去世。国家决定建设"齐白石纪念馆"。齐白石家属将白石老人的书画、图稿、诗稿、信札、游记、自传、三百件石印，以及他生前的画具、生活用品和奖状、照片等物品一起捐献给国家。国家也拨款 3 万元巨款补偿给齐白石家属。如今，这些捐赠品收藏展出于北京画院内的"齐白石纪念馆"。但是，跨车胡同的小院由于多种原因一直未能对社会开放。1996 年夏季，笔者还与当时的北京市文物局局长单霁翔、副局长孔繁峙一起进入到这座小院，开展保护开放的调研。由于在 1941 年时，齐白石先生已将故乡的田产和房屋家产分为六股给了妻子和子女。我们去时，齐白石之四子齐良迟先生，以及他的侄女等几家人分住着院内不同房间，各自诉求不同。要想做好所有家属的搬迁、补偿，存在一定困难。那时院内格局保持着原貌，院内已引入了上下水。"铁栅屋"客厅墙上仍悬挂着齐白石和夫人胡宝珠的巨幅合影。2020 年和

2024年笔者探访小院时，已是人去院空。两扇黑漆木门上挂着一把大锁，院中已长满荒草。小院周围的平房建筑全部拆迁了，小院因为是文物古迹才被保留了下来。其前后左右都是道路，如同一座孤岛立于车水马龙当中。

1950年，政府曾帮助白石老人挑顶大修了小院的三间北房，老人兴奋地自书"白石书屋"匾额，并在其上题写款识："南岳山下有邺侯书屋尚存，千秋敬羡。余50岁后来京华，于城西买屋卖画，屋绕铁栅。如是年90矣尚自食其力，幸画为天下人称之。其屋自书白石画屋，不遗子孙，留为天下人见之一叹，而后或为得保千秋，亦如邺侯书屋之有幸也。"邺侯书屋也称邺侯书院，位于湖南南岳市烟霞峰下。唐代宰相、藏书家李泌曾在此隐居、庋藏典籍。邺侯书院初建者为其子，以后各朝代多次修缮，至今仍为湖南省的一处旅游胜地。不知"白石书屋"将来是否有一天能与"邺侯书屋"享有相同的待遇，以让白石老人含笑九泉。

相比于跨车胡同的这处故居，位于北京市东城区雨儿胡同的齐白石旧居则较为幸运，已建成纪念馆对社会开放。此院是1955年在周恩来总理安排下，让齐白石老人搬进来的。据其亲属和一些当事人回忆，当时是老舍夫人胡絜青女士奉令具体操办此事，将老人从跨车胡同老宅接走，当天还拉走老人常用的家具、文房四宝等画具。那时老人已是国家的一张文化"名片"，国家特意给他安排一个周围"闲杂人"较少的地方，既是为了适合他创作，也是为了他在接待外宾时，住所显得比较高端大气上档次。他搬进来之后，他的子女、亲友要想见他，也要在门口登记"验明正身"。

齐白石旧居位于胡同中部北侧，为一座四四方方的标准四合院，占地548平方米。小院大门虽为一座老北京胡同中最常见最普通的如意门，可全院房屋、游廊全都精雕细刻、雅趣盎然，令人叹为观止、拍手叫绝。小院内有前出廊的正房三间，两侧各带三间小耳房；东西厢房各三间，南侧倒座房三间。进入旧居大门，迎面是东厢房山墙前的一处小型天井，在天井中一石雕支架上的石盆内，安放有一块太湖石。此石外表玲珑剔透，周身孔洞，形态苗条，侧弯如起舞少女。支架两旁地上放有两个圆形大石盆，夏季放水养鱼种莲，有恭祝来宾连年有余之寓意。天井东侧院墙前种有一排翠竹，既美化了天井的小环境，也不影响人员进出，又遮住了给人局促感的东院墙。从天井处向左转，首先映入眼帘的是小院的游廊，游廊木墙上有可透视院内的冰裂纹花格窗，朦胧中妙趣天成。

旧时，像齐白石旧居这种比较讲究、规整的四合院，院内房屋都有前廊，房屋的前廊与两侧呈九十度拐角的转角游廊相连，将全院联为一体。因其平面形态似一个人抄着两手在身前面，又被称为"抄手游廊"。人们在廊内可以到达院内各屋，

近现代中国文化艺术的缩影——四位艺术大师故居

历史的礼物：北京名人故居

即使是雨雪天气也不会淋湿。此院的游廊朝院内一侧装饰有木雕倒挂楣子，另一侧的砖砌墙面上装饰有宝瓶形、六角形、花瓣形等形态各异又包含寓意的什锦窗。

四合院建筑各房屋前廊两侧通向"抄手游廊"的门洞被称作吉门，吉门上方是一块长方形墙面名叫"灯笼框"（院门上方此处称"走马板"），再上面是木制梁枋和三角形的砖砌抹灰"象眼"。一般四合院房屋的"灯笼框"或用石灰抹成白色，

或砖砌素面无雕琢，"象眼"处有黑底和白色线条构成的抹灰镂画。而齐白石旧居正房、倒座房前廊两侧吉门上方"灯笼框"中则镶有篆书石匾额和砖雕。倒座房两侧吉门的石匾额为篆书"富贵""寿长"，正房石匾额为篆书"花满一庭""竹深三径"。"花满一庭人载酒，竹深三径鹤窥书"是中国古代文人家庭常用的对联，正房吉门的石匾额，显示了小院最初主人的品位。院中东西厢房前廊的"灯笼框"中为砖浮雕，东厢房砖雕图案中间为蝙蝠口衔中国结，两边是寿字纹，寓意万寿无疆。西厢房砖雕图案中间为蝙蝠口衔一对"卍"字纹，两侧是喜字纹，寓意福喜万象。小院的砖雕不仅存于游廊，在四座房屋山墙的戗檐上（房檐下山墙侧面最高处）也镶嵌着镂空砖雕。正房砖雕图案为"狮戏林中"，倒座房砖雕图案为"满架葫芦"，东厢房砖雕图案为"群鹿戏林中"，西厢房砖雕图案为"猴子骑在马上"。它们分别寓意仕途广大、福禄满满、升官加禄、马上封侯。小院庭院内还种植了玉兰树、海棠、石榴树，寓意

金玉满堂和多子多福。

小院建筑的精致不仅限于室外，室内也别有洞天。民国时期，北海公园董事会会长董叔平曾居住于此。至今正房还保留着他居住时装修的两架硬木落地罩，落地罩代替了隔墙将正房隔成三间。西侧落地罩的两根立柱上刻写了一副对联："本书以求其质，本诗以求其情，本礼以求其宜，本易以求其动；勿展无益之卷，勿吐无益之语，勿涉无益之境，勿近无益之人。"其上还有不知何故而竖放的横批"寿本乎仁，乐生于智"。对联内容是对学习传统文化和修身养性的劝诫，显示出主人高雅的性情。据记载，此院清初为清太宗四子爱新觉罗·叶布舒府邸的一部分，清末时又成为内务府一高官的私宅，因修缮时盗用皇宫建材、私用皇家工匠，才得以时至今日，美景如初。

2011年，齐白石纪念馆的上级单位北京画院对此院落进行了修缮，将其开辟为"齐白石旧居纪念馆"，2012年5月13日对社会开放。三间正房，按齐白石当年居住时的情景进行了复原。中间一间为待客的中堂，迎门墙上悬挂了齐白石所绘大幅寿桃图，两侧为一副篆书对联："大福宜富贵，长寿亦无疆。"东侧一间为卧室，西侧为画室。画室则布置了画案、书架……屋内陈设道具色彩浓厚，少了一些真实感和烟火气。小院其他几间屋开辟为了展厅，介绍老人的生平和书画艺术。故居所展出的书画均为复制品，真迹全都在位于朝阳公园南侧的北京画

院美术馆内展出。

　　小院最为精彩之处，为庭院中心陈列的中国美术馆馆长、著名雕塑家吴为山创作的齐白石青铜雕像。老人左手拄一枝用遒劲老藤制成的龙头拐杖，胡须飘于胸前，慈祥与不舍的目光凝视前方。这恰似老人晚年立于院内送客的场景，将老人身上特有的精气神展现得淋漓尽致。老人晚年时最不能忍受的就是冷清。在此院内住了约一年时间，齐白石就向管理方提出了搬回的请求："予愿搬回跨车胡同老屋。数十年生活计等计习惯，儿辈宜善体老人心意。乃翁示。"经请示周总理同意后，老人

103

的学生郭秀仪用政务院特派的汽车，把老人和全部家用物品送回老宅。这座小院也结束了白石老人住所的历史使命。以后的几十年中，小院先后当过仓库、北京画院办公用房。如今，小院与不远的老物件博物馆、中央戏剧学院、蓬蒿剧场以及众多的小咖啡馆、文创商店一起，成为锣鼓巷景区内重要的文旅景点和网红打卡地。

京韵萦绕、琴声悠扬——梅兰芳故居

　　提起名人故居，人们的印象大多是安静清幽，鸟语花香。观众步入其中，也大多屏息凝神、轻手轻脚、无声细观。可京城内却有一处名人故居特立独行，行至门前，就可听闻从院内传出的京剧旦角的唱段，京胡月琴相伴相衬，时而悠扬婉转，时而空谷幽兰。走进院中，还可常见身着练功服的老师，指导年岁大小不一的多名孩童拉开架式，演练京剧"唱、念、做、打"四门功课。小朋友们下腰翘指回首望月，一招一式、步法身段，与小院的主人还真有几分形似。这里就是梅兰芳故居，空中回荡的唱段，正是梅先生的代表作——《霸王别姬》。

梅兰芳故居位于北京市西城区报子胡同东口北侧，东西两侧毗邻什刹海、积水潭两处湖泊，北临德胜门箭楼，自然环境优越、交通便利。故居主体建筑为两进的标准四合院，是新中国刚刚成立后，周恩来总理亲自为梅兰芳安排的一处住宅。此前，梅兰芳自1932年始一直居住在上海。

作为京剧"四大名旦"之首的梅兰芳，曾经拥有自己的剧团，收入极高。他原本在北京东城区的无量大人胡同有一处豪宅。去上海之前，家中一年四季宾客不断，常年开"流水席"供宾朋用餐。厨师王寿山，也是一代名厨。可在抗日战争期间，身在上海的梅兰芳蓄须明志，坚决不为日伪演出，由于没有了经济来源，生活自然拮据，北京的宅院也被迫变卖。最穷困时，他还曾举办展览鬻画为生。

梅兰芳故居，临街有宽阔的广亮大门，门额上高悬着邓小平题写的"梅兰芳纪念馆"黑底金字木匾。穿过门厅，迎面有一座白色汉玉雕成的梅兰芳半身像。雕像为著名雕塑家白澜生先生的作品，十分传神。梅兰芳表情谦和友善，双目有神。雕像两侧种植了四季常青的翠竹，背后为正院厢房洁白的山墙，

近现代中国文化艺术的缩影——四位艺术大师故居

使得雕像显得更加气韵高洁。

从雕像前向左转，是狭窄的前院和一排倒座房。房内固定陈列着《梅兰芳生平事迹展览》，向观众展示梅兰芳的生平及其辉煌的艺术成就。展品包括梅兰芳与卓别林、泰戈尔、瑞典王储等国际巨星名流的合影；周恩来总理亲自签名的"中国戏

107

曲学院院长"任命状；梅兰芳出席中国人民政治协商会议第一届全体会议的特邀代表证……作为一个从旧社会走来的"伶人"，能够在艺术上和政治上取得如此辉煌的成就，探究其缘由，既有其个人的特殊因素，也不能不说到他一生中遇到的五位贵人。

梅兰芳出身梨园世家。祖父梅巧玲以扮演旦角萧太后为观众叫绝，位列清末"同光十三绝"之一。但是，在梅兰芳出生时祖父已去世，四岁时他又失去父亲。年少多难的梅兰芳，自童年开始便跟家里请来的老师学戏。可梅兰芳"言不出众、貌不惊人"，嗓子总是"不上口"。老师叹了句"祖师爷没给你这碗饭吃"，便拂袖而去。可他这一走，却让梅兰芳遇到了生命中的第一位贵人吴菱仙。吴菱仙也是京剧名家，唱戏之余兼职教学。家贫的梅兰芳请不起他来家中授课，只能到他的其他弟子家中搭伙学戏。

正如世人所言：祖上积德行善，福荫后世子孙。梅兰芳的祖父梅巧玲曾在吴菱仙危难之际仗义相助，吴菱仙则把这份恩情回报到梅兰芳身上，尽自己的全力相授。而此时已懂事的梅兰芳也十分争气，每日闻鸡起舞、勤学苦练，功力突飞猛进，1904年，年仅10岁的梅兰芳开始登台献艺。

清末时期，京剧是京城内最受人们喜爱的戏剧，各大剧场全以演出京剧为主，名家辈出，竞争激烈。为提高艺术水平，梅兰芳又主动向另一位勇于大胆创新的京剧大师王瑶卿求教。王瑶卿可以说是梅兰芳人生中的第二位贵人。他觉得梅兰芳是个好苗子，毫无保留地把自己的全部绝学教给了他。他还把自己唱红的《虹霓关》一戏全本地教会了梅兰芳，而且此后不再演出此戏。观众再想听此戏，只能去听梅兰芳的演出。他在京城的戏剧舞台上，为梅兰芳让出了一席之地。

1912年，清朝统治被推翻，北京又成为北洋政府的都城，演艺市场兴旺。已成年的梅兰芳，此时又先后遇到了冯耿光和齐如山两位贵人。冯耿光早年曾留学日本陆军士官学校，其后在北洋政府任军职，1918年，又改任中国银行总裁。此后他担任多家银行高管，经济实力雄厚。冯耿光比梅兰芳大12岁，年轻时就认识梅兰芳的伯父，痴迷于京剧艺术。待梅兰芳初登舞台崭露头角时，他立刻感觉到这是一颗前途不可限量的新星，并与之结为无话不谈的至交。他与京城的一些文人、新式学堂的学生共同组成了梅兰芳的"粉丝团"，经常与梅兰芳一起研讨京剧表演艺术、讲经说史、谈古论今，鼓励梅兰芳大胆创新，并广布舆论宣传造势，在社会上树立、维护梅兰芳的声誉和名望。在那个年代，艺人如果长期默默无闻或是被爆出丑闻，基本上艺术生涯就结束了。可在1915年，一位名叫穆辰公的记者在《国华报》上发表连载小说《梅兰芳》，其书还以"揭秘"的噱头吸引读者。

历史的礼物：北京名人故居

梅兰芳少年家贫，刚出道时也被迫在戏班的安排下，给贵客唱"堂会"、陪酒陪聊。穆辰公的小说则大肆渲染这些"八卦"。冯耿光立刻动用自己的财力和官场的势力，杀伐果断地查封了刊登此文的两家报社。心有不甘的穆辰公又跑去东北地区出版此部小说。冯耿光紧随其后，赶到东北将小说几乎全部买下，进行烧毁。负面新闻逐渐冷却，年轻的梅兰芳得以继续在舞台上展露风华、绽放光彩。1919年，梅兰芳赴日本演出，也是冯耿光从中搭桥牵线。1929年，梅兰芳再赴美国巡演，仍然是冯耿光广筹资金十余万元，才保证顺利成行。冯耿光帮助梅兰芳走上了国际舞台，而梅兰芳则将中国京剧艺术传播到世界。

另一位贵人齐如山，最初也是梅兰芳的戏迷。他比梅兰芳大19岁，早年留学欧洲，对中西方戏剧都有深入的研究。1912年，作为"粉丝"的齐如山开始与并不相识的梅兰芳书信往来，对其演出提出自己的建议。一闻千悟的梅兰芳则欣然全盘接受，并将其融入到自己的表演中，大获成功。此后两年间，二人通信百余封。终于有一天，梅兰芳认出了前排听戏的齐如山，散场后双手捧着一包谢金，递到齐如山面前。二人此后成为几乎形影不离的莫逆之交，也相互成就了对方。齐如山先后修改创作出了《牢狱鸳鸯》《木兰从军》《天女散花》等二十余种新剧，专供梅兰芳演出。那时大多数演员只会一些传统剧目，扮相和表演方式都较为老套，舞台上经常出现一人演唱一人喝茶休息的场景。而梅兰芳则不断有新的剧目奉献给观众,在舞台上始终与其他演员互动呼应。通过在唱腔和表演形式上的不断创新,坚持"一字千改始心安""一曲练千回",梅兰芳最终成为中国京剧的"伶界大王""四大名旦"之首。1929年,梅兰芳去美国演出,齐如山也全程陪同,编写英文的宣传册和海报。1931年,二人还与京剧名角余叔岩、社会名流张伯驹、清庄亲王后裔溥绪、戏剧学家傅芸子、傅惜华等,筹建了"北平国剧学会"这一专门研究和传承中国京剧艺术的学术团体。"北平国剧学会"下设国剧陈列馆和国剧传习所,出版《国剧画报》和《戏剧丛刊》两本图文并茂的刊物。他们认为"世界上一切学术所系存在,皆赖于学者本身为不断之研究,精密之改良。""旧剧固有缺点甚多,然其中所含之学理与艺术,确有不可磨灭之精神与丰富之价值。"学会对中国京剧艺术的文献收集整理、京剧艺术的传承发展和大众普及,可谓功在当代,利在千秋。当时设在绒线胡同的国剧陈列馆,可称得上是中国第一座以戏剧文化为展示内容的专题博物馆。可是,天有不测风云,梅、齐二人在这一年无奈地告别了几乎每日相见的合作经历。

1931年,梅兰芳由于家中多人相继病故和感染重病,决定换换环境。他与妻子福芝芳去了自己曾经走红、深受观众热捧的上海。而此次赴沪,梅兰芳再次受到观众的热烈欢迎。当时的上海，演出行业运作相对规范，观众的思想意识更开放现代，演员更受尊重，且此地又远离日本控制的伪满政权。第二年，梅兰芳就把全家人都接到上海永久居住，直到新中国成立才回到北京。齐如山曾对梅兰芳去上海颇有微词，认为上海缺少京城文化氛围。而实事求是地讲，上海观众也是十分热爱并通晓京剧艺术的。梅兰芳早在 1913 年起就曾多次到上海、江苏南通等地演出。梅兰芳祖籍为江苏泰州，在江南也有许多志同道合、同根同源的友人。而他与清末状元、著名实业家张謇的交往，更是戏剧史上的一段佳话。

1914 年，张謇曾在梁启超的邀请下，在北京观看梅兰芳演出，顷刻间为之倾倒，进而相互结识。次年，他写诗赠予梅兰芳："小汤仕女美无伦，画作梅花也可人。寄与玉郎时顾影，一丛绛雪媚初春。"二人此后多年保持书信往来，张謇还鼓励梅兰芳学习书法和绘画艺术，以防年老不时之需。1919 年，张謇在戏剧家欧阳予倩的协助下，在南通创办戏剧学校——"南通伶工学社"，特聘梅兰芳为名誉社长。他还新建了一所大型现代化剧院——更俗剧院，取意："更除恶习旧俗，树立文明新风。"第二年，梅兰芳应邀到更俗剧院演出，连演 11 天。张謇场场必到，并在观后题诗赞誉。他赞《贵妃醉酒》："即论风柳斗腰肢，亦称清平绝妙词。环自嫌肥梅自瘦，酬珠今日不须疑。"赞《黛玉葬花》："惜春花冢事分明，直到焚诗意未宁。今惜惜春人自惜,低徊传与曲中听。"赞《游园惊梦》:"绝世难双杜丽娘,只须天壤有梅郎。青琴素女无传写,冷落临川玉茗堂。"在张謇心中,梅兰芳的艺术天下第一:"老夫青眼横天壤,可忆佳人只姓梅。"

梅兰芳一生中的第五个也是最后一位贵人是周恩来。周恩来总理在南开大学读书期间,也曾在学校话剧团中出演女性形象。1919年,话剧团到当时北平市演出并举办座谈,已是京剧名家的梅兰芳不仅观看了演出,还出席了话剧团组织的座谈会。梅兰芳给周恩来留下了难忘的印象。1949年,周恩来亲自邀请梅兰芳回北京参加文联大会、全国政协会议。10月1日,梅兰芳还受邀登上天安门城楼观看开国大典。1951年,同样在周总理的关注和安排下,梅兰芳全家人住进报子胡同这座政府特意安排的院落;梅兰芳先后被聘为中国文联副主席、中国戏剧家协会副主席、中国京剧院院长等职。1956年,国家安排梅兰芳率剧团赴日本演出,梅先生对日本侵华恶行仍有愤恨和怨气,态度不太积极。周总理特意与他促膝而谈,讲明中日友好的重要意义。之后梅兰芳与剧团在日本各地演出了33场,大受欢迎。

从故居前院穿过外观同如意门的二道门,绕过一座木影壁,就进入了故居的正院。木影壁背后的庭院中摆放了一件石雕鱼盆,四只石狮子竖立着趴在鱼盆外沿,十分灵动。鱼盆下方有一米多高的细腰须弥座石托,既秀丽又不失庄重。从外观上看,此物应是来自昔日的皇家园林。这座小院在清代时属于庆王府大院的一部分，小院建筑做工考究，院内有皇家用品也不属意外。这四只石雕狮子和院内的柿子树，全都寓意着祝福院落主人事事平安。小院的房屋都是青砖灰瓦，正房厢房均有前廊，屋顶为过垄脊合瓦屋面；北侧正房与东西厢房有游廊相连，保证了雨雪天各屋往来自如。在小院西侧、北侧还各有一排平房。西侧房屋现为纪念馆的办公室，当年为梅兰芳的秘书许姬传一家人的住房和厨房、杂物间。许姬传跟随梅先生大半辈子，也是戏剧评论家。北侧的房屋现为文物库房。1961 年 8 月 8 日，梅兰芳因心脏病去世，享年 67 岁。当时在首都剧场举行了大型公祭，陈毅副总理任主祭人，周恩来总理亲自统筹后事。梅兰芳被安葬于香山的私家墓园中。墓园门口匾额由许姬传题写，园正中则有一大朵用白水泥浇筑而成的巨型梅兰，表明了主人的身份和人格。如今，梅兰芳墓园与相邻的京剧名家马连良、王小楼、言少朋等数人的墓地组成了"香山梨园墓地"这一独特的京城文化景观。梅兰芳去世后，其家人仍在院内居住多年。但是，在"十年动乱"期间，梅兰芳后人受到冲击。得其真传、同样是演旦角的九子梅葆玖被迫改行，在剧团负责音响调音。故居院落，被改作中国京剧院单身职工宿舍和招待所。

1978 年改革开放后，在文艺界的呼吁和党中央的关怀下，故居才得以修缮并对社会开放。如今，院内五间正房恢复了梅兰芳生前的原状。正房中间三间为大客厅，客厅中有一圆桌，桌上花瓶中插着一枝盛开的梅花，素雅、清新、高洁，如同梅先生的品格。客厅西墙立着一幅巨幅油画，为印度"现代艺术之父"、印度画圣难陀婆薮专为梅兰芳创作的《洛神》，描画了梅兰芳在京剧《洛神》中扮演的甄后形象，让观众能幸运地一睹当年梅兰芳的绝世芳华。客厅东侧是卧室，卧室中有两张单人床，是梅兰芳和夫人福芝芳的，卧室北墙上开有一门，应通向后侧的卫生间。正房西侧两间是书房，西墙上悬挂着齐白石老人创作的巨幅荷花四条屏。书房书柜中有两只竹木鸽子哨，十分值得细观。像宋庆龄一样，梅兰芳也非常喜欢养鸽子，每天要放飞鸽群在天空翱翔。据说，他小时候眼角有些向下撇，他每天抬头看天上的鸽子，也是为了锻炼眼神与眼角眉梢的灵动传神。

小院的东厢房原为梅兰芳女儿梅葆玥卧室和家庭餐厅，西厢房为儿子梅葆玖一家人居住。1986年10月，故居开放后，这六间房屋成为举办专题展览的展室，举办过梅兰芳绘画作品展、收藏展、戏剧生涯展等多项展览。2021年，这里举办了《剑舞流芳——梅兰芳经典名剧〈霸王别姬〉创排100周年专题展》。展览中展出了其家属捐赠的多件梅兰芳曾穿过的戏服、行头，绣满五彩花卉的戏服，件件雍容华贵、精美绝伦。而展览中的两件梅兰芳亲手制作和穿过的"竹衣"背心，更是难得一见。

它是用一节节粗细如毛线、长短如银针的空心竹节，内穿蚕丝编织而成。在舞台上穿上这种"竹衣"，即使演员已是汗流浃背，外衣的丝绸戏服也仍能飘逸、洒脱，不与皮肤粘连。

在20世纪90年代，笔者曾有幸在故居中，欣赏过梅葆玥、梅葆玖姐弟俩清唱《红鬃烈马》片段。姐姐的唱腔高亢洪亮、中气十足，弟弟的唱腔千回百转、绕梁三日。姐弟二人因在故居演唱而更加情真意切，故居也因二人的演唱更显神韵。2021年，笔者再次来到故居时，又遇到几位少年跟随老师学戏，唱、念、做、打有板有眼，文武昆乱不挡。京剧国粹有望薪火相传，绝非虚言。

搬进纪念馆展厅中——"徐悲鸿故居"

2019年9月26日,位于北京市西城区新街口豁口的徐悲鸿纪念馆新馆正式对社会开放。而它与其他名人纪念馆最大的不同,是在纪念馆一层高大的展厅中,藏着一座"微缩版"的徐悲鸿故居。

徐悲鸿是一位伟大的爱国主义画家、美术教育家。他学贯中西,艺术创作中西融合;他坚持为时代和人民造像,用艺术推动社会进步；他尊重人才、尽毕生之力教书育人；他有一颗报国丹心，如笔下战马驰骋不息。

徐悲鸿于1895年出生于江苏省宜兴市屺亭镇。镇中塘河西侧屺亭桥畔一座极为简朴的黛瓦灰墙小院，就是他出生和少年时生活居住的地方。徐悲鸿自幼跟随父亲学习四书五经及书画艺术。19岁时，他开始在家乡多所中小学教授国画，并在父母包办下娶妻生子。如此发展下去，他本可一生平安温饱无忧。然而，由于多种原因的叠加：父亲过早的离世、一身傲骨不肯向世俗低头、强烈的爱国热忱、对自由与浪漫的追求、对艺术的执着……又让他一生坎坷、辗转万里、成就辉煌、英年早逝。

1914年，父亲去世，养家糊口的重担落在了徐悲鸿的肩上。为了能多挣些钱补贴家用，1915年，他独自赴上海闯荡。然而，鱼龙混杂的大都市让他数次受骗碰壁，落得身无分文，悲愤中曾想投江自尽。但是，皇天不负有心人。有一天他路过《真相画报》报社，看到征稿启事。这让徐悲鸿雄心再起，画了一幅《骏马图》寄给报社。《真相画报》为岭南画派领袖高剑父、高奇峰创办，始终坚持扶持画坛新人。高剑父看到此图后，认为可与唐代画马大师韩干的作品相媲美，不仅支付了高额稿酬，并继续邀稿。此后不久，上海犹太富商哈同登报，重金征集中国古代造字之祖仓颉的画像。徐悲鸿的投稿又一次被选中。两笔稿酬使徐悲鸿的经济状况大为改观。此后不久，徐悲鸿又巧遇寓居于上海的国学大师康有为,并正式拜师成为其入门弟子。如今在纪念馆"故居"内,还悬挂着康有为为徐悲鸿题写的"写生入神"横匾,其左侧边款写道:"悲鸿仁弟于画天才也,写此送其行。"在上海闯荡两年后,志向高远的徐悲鸿为拓宽视野,在友人资助下赴日游学。恋人蒋碧薇也冲破封建礼教的束缚,与他一起私奔东瀛。经过广泛深入的观摩、交流和思考,徐悲鸿树立起自己的艺术创作理念:"古法之佳者守之,垂绝者继之,不佳者改之,未足者增之,西方画之可采入者融之。"1919年,他又在不计前嫌、宽容大度的教育总长傅增湘帮助下,与蒋碧薇一起赴法国公派留学。在他真诚地恳求下,法国学院派油画大师达仰收其为弟子。多年的谆谆教诲,最终使徐悲鸿的艺术造诣达到一个新的高度,也形成了他自己的风格:重要美术作品都具有鲜明的主题性,聚焦于民族与时代。作品题材无论是源于古代神话、历史典故——《愚公移山》《田横五百士》《傒吾后》等,还是源于现实生活——《巴人汲水图》《船夫》《九州无事乐耕耘》等,更不论那驰骋疆场的奔马、负伤怒吼的雄狮、灿烂如火的木棉,都饱含着对祖国的热爱,对民族命运的担忧,对劳动人民的关注与赞扬。

1927年,32岁的徐悲鸿怀着振兴中国绘画艺术的信念学成归国。归国后,他与田汉等志向相投的艺术家一起在上海开办了艺术学校,发掘培养青年才俊。他还在中央大学任教,筹办欧洲中国绘画巡展，让中华传统文化走向世界。回国后的十年，是他精力最旺盛、艺术成就最丰厚的十年。但是，1937年，全面抗日战争爆发，打破了徐悲鸿原有的美好生活和理想。他不得不为大家舍小家，义无反顾地投身到民族解放斗争中。他多次独自一人奔赴马来西亚、新加坡等国家和云南、四川、桂林、重庆等省市举办义展，为抗日战争募捐。他还应印度诗人泰戈尔之邀赴印度办展览，并在印度创作了鼓舞全民抗日战争的传世之作——《愚公移山》。喜爱绘画艺术的抗日名将李宗仁、白崇禧，都与徐悲鸿结为莫逆之交，并邀请他赴广西办展、讲学，还在"风景甲天下"的阳朔，赠予他一座小院供他居住、创作。徐悲鸿也在桂林、贺州、阳朔等城市，留下了大量描绘漓江美景的佳作。

在积极参与民族解放斗争的同时，徐悲鸿也义无反顾地投身于反对内战、争取民主自由的斗争中。1942年，身居重庆、重病在身、生活贫寒的徐悲鸿，与翦伯赞、老舍、茅盾、马寅初等两百多位文化名人，共同在重庆《新华日报》上发表了《陪都文化界对时局进言》，呼吁加强国共合作、严惩贪官、实行政治上的民主自由。周恩来特意派郭沫若去探望他，还带去了延安产的小米和红枣。

由于多年的颠沛流离，为国家的存亡和民族艺术的振兴不辞辛劳，徐悲鸿在抗日战争时期曾多次身患重病。而与妻子蒋碧薇的矛盾纠纷、与恋人孙多慈的难舍难分、珍藏国宝《八十七神仙卷》的被盗、创办教育研究机构的费尽周折，更使其身心受到巨大摧残。品读徐悲鸿的书画和诗歌可以发现，其中既有幽默风趣、清新淡雅的，也有悲怆激愤、雄浑厚重的。他的情感世界异常丰富，同时又恪守着爱国重教的信念。多重身份、多重使命，让如同千里马的徐悲鸿严重超载，疾病缠身。

1946年，徐悲鸿与新婚妻子廖静文一起，远离重庆回到了曾经暂住过的北平，就任北平艺术专科学校校长。文化古都成为他的避风港，让他开启了一段比较安稳的生活。

1947年，徐悲鸿以卖画所得，购买了位于北京内城东南角、东受禄街的一座两进小院。小院房间不多，但是前院十分宽敞。院中的一棵百年国槐高大粗壮、枝繁叶茂，比槐树低矮的海棠、丁香、桃花和榆叶梅，娇小秀美、花开似锦。前院与后院由一月亮门相连，后院院墙边栽种了一片蜀葵花。蜀葵花俗称熟季花、一丈红，其花形貌似芍药，色彩丰富花期数月。优美环境对于作为画家的徐悲鸿来讲，其价值远远地超过了豪宅大院。徐悲鸿兴高采烈地把自己的书房命名为"蜀葵花屋"。他还创作了许多以蜀葵花为题材的画作，并在一幅绘画上题诗："倘使人间只一本，千金买去不为多。"

1949年新中国成立，徐悲鸿又进入了人生和艺术创作的一个新的高峰。他一方面担任中央美术学院院长，推动美术教育的改革；一方面以"为人民造像"为己任，深入乡村厂矿写生，为抗美援朝的战士画像。他还开始创作巨幅油画《毛主席在人民心中》。可令人猝不及防的是，1953年9月26日，劳累过度的徐悲鸿突发脑溢血，抢救无效逝世，年仅58岁。

徐悲鸿逝世后，他收藏的一千余幅古代书画和自己创作的一千二百余幅作品、上万册图书，在美术学院的好友、部下的协助下，全部由家属捐给国家。政府也给予徐悲鸿夫人廖静文和两位子女以特殊待遇：未外出工作的廖静文，国家给予处级工资待遇，子女由政府出资抚养成人。故居小院在一年后开辟为"徐悲鸿故居"纪念馆对社会开放，中央美术学院院长吴作人兼任馆长，周恩来总理为小院题写"悲鸿故居"匾额。1966年，为修建北京站地铁，这座小院被迫拆除，书画转藏于故宫博物院。

"十年动乱"期间，位于八宝山革命公墓的徐悲鸿墓被砸毁，纪念馆的恢复更是难以企及之事。直到改革开放后，国家的文化事业走上正轨。1988年，北京市人民政府出资在西城区新街口大街53号，建起共三层、包括七个展室的徐悲鸿纪念馆大楼。在楼北侧草坪和贵宾接待室平房之间，安置了著名女雕塑家张德华创作的徐悲鸿青铜立像。徐悲鸿左手平托调色板，右手握两支油画笔，目视前方。雕像非常传神地展现了徐悲鸿绘画时的情景。纪念馆所占用的地块，原为菊花养植名家刘契园的私家宅地和花圃。为了建设纪念馆，他以低价将其售让给国家。纪念馆开馆后，暂存于故宫博物院的那些藏品，全都运回到纪念馆中。

在纪念馆正常开放二十多年后，为了提高纪念馆现代化水平、扩大展览和库房面积，北京市人民政府再次拨巨资拆除老馆建设新馆。新馆屋顶设计为中国传统宫殿的琉璃瓦大屋顶形式，馆内地下文物库房和展厅的展柜全为恒温恒湿。纪念馆一层展厅内，按照当年的大致样式，重建了东受禄街徐悲鸿故居的门楼和三间书房。书房内按徐悲鸿生前原状，布置了他使用过的写字台、书柜、沙发、帆布躺椅。写字台上的文房四宝、

柜中所摆收藏品、墙上的字画，也是按原物原位置安放。进门右侧墙上，悬挂着徐悲鸿手书对联"横眉冷对千夫指，俯首甘为孺子牛"，表达了他一生的志向与节操。馆内展厅中还展出了徐悲鸿生前绘画时使用的调色板，调色板上那些七彩斑斓的色块，曾在他的笔下、刀下融合升华，幻化成一幅幅传世佳作。

在徐悲鸿纪念馆一层展厅中央，还有一组独立的展柜，柜中陈列着徐悲鸿生前所用画笔、油画刮刀等画具，以及两件来自异国他乡的珍贵文物：列宁和托尔斯泰面部石膏雕像。它们是1934年5月至7月，前苏联雕塑家谢尔盖·德米特里耶维奇·梅尔库罗夫（1881—1952），在徐悲鸿于莫斯科和列宁格勒（今圣彼得堡）举办"中国绘画"展览时，赠送给徐悲鸿的。其中的列宁雕像，是列宁逝世当天夜间，艺术家在其遗体旁现场雕塑的（此雕塑作品世上仅存两件，另一件仍存于俄罗斯）。

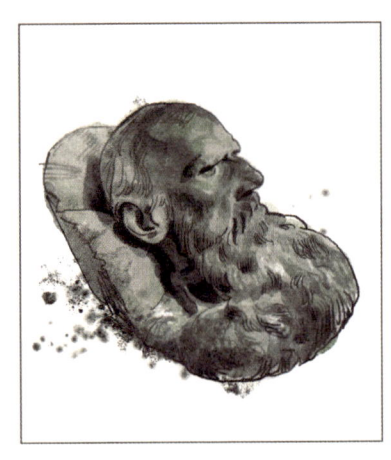

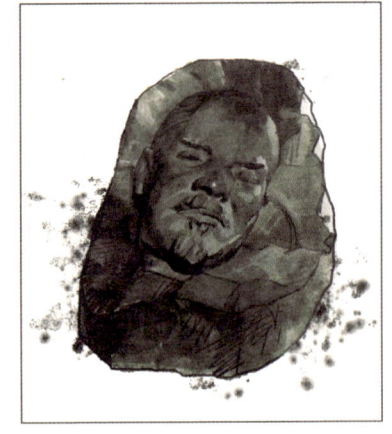

在 1934 年的展览期间，徐悲鸿还与多位苏联艺术家进行座谈交流，向冬宫博物馆、莫斯科东方艺术博物馆各赠送十余幅绘画，包括齐白石、张大千、王一亭等画家的作品。同时，苏联人民教育委员会决定向中国赠送俄罗斯 19 世纪以来及现代名画家作品十三幅。

新馆开馆以后，纪念馆常年举办徐悲鸿生平事迹展和其书画精品，包括《愚公移山》《田横五百士》《奔马》等。同时，纪念馆不定期地举办徐悲鸿收藏书画展览、国内外美术大师的作品展，以使观众每次参观，都能观看到内容不同的美术佳作，得到全新的艺术享受和熏陶。

《茶馆》《龙须沟》的诞生地——老舍故居

"舒舍予,字老舍,现年四十岁,面黄无须。生于北平,三岁失怙,可谓无父。志学之年,帝王不存,可谓无君。无父无君,特别孝爱老母,布尔乔亚之仁未能一扫空也。幼读'三百千',不求甚解。继学师范,遂奠教书匠之基。及壮,糊口四方,教书为业,甚难发财;每购奖券,以得末彩为荣,示甘于寒贱也。

二十七岁，发愤著书，科学、哲学无所懂，故写小说，博大家一笑，没什么了不得。三十四岁结婚，今已有一女一男，均狡猾可喜。闲时喜养花，不得其法，每每有叶无花，亦不忍弃。书无所不读，全无所获，并不着急。教书作事，均甚认真，往往吃亏，亦不后悔。如是而已，再活四十年也许能有点出息！"

这段诙谐幽默的文字，是作家老舍四十岁时在重庆发表的"自传"。在自嘲的黑色幽默中，饱含了对人生透彻的感悟与洒脱。

老舍，是本书中唯一一位在北京土生土长的名人。他在人生终点，也选择了这片他挚爱的土地，如同他小说中许多善良而又抗拒争斗不过世道、摆脱不了悲剧命运的人物一样——投湖自尽。

老舍，原名舒庆春；1899年2月3日春节前"小年"那天，出生在如今西城区小杨家胡同的一座很普通的小四合院内。如今小院已成为多户居住的民居。老舍家是满族正红旗人，父亲是守护皇城清军中的一名士兵，军饷虽不算多，但也够全家人吃饭。老舍有三个姐姐一个哥哥，早年间一家人过得还算安稳。可是，1900年，八国联军攻入北京，作为军人的老舍父亲在作战中不幸牺牲。一家人陷入极度贫困之中，经济来源全靠母亲为邻里和附近的单身"苦力"们淘洗、缝补衣物，"她的手终年是鲜红微肿的"。但是，老舍母亲做事极为认真、心地极为善良,"就是屠户们送来的黑如铁的布袜,她也给洗得雪白"。如果不出意外,老舍年岁稍长后,肯定会去当童工或去做小买卖糊口谋生。

在辛亥革命成功、清王朝灭亡后,北京城内的许多满族人,由于以前过惯了朝廷供养的生活,少有生活技能。朝廷一下子断供后,许多家庭一夜间沦为赤贫,跌落到社会底层。老舍的许多小说,都描写了这一族群在 20 世纪初期这一特定历史时期的悲剧人生。还好的是,在那时京城内的满族人中,也不乏古道热肠的仗义疏财之士。1905 年,在老舍年近六岁时,京城内同为正红旗满人,并与老舍长辈有些交情的刘寿绵先生(晚年时出家,法号宗月),慷慨解囊资助老舍上了私塾。老舍也是十分的争气,各门功课都优秀,几年后又考上了公费的师范学校。母亲的坚毅和宗月大师的慷慨仁爱,影响了老舍一生。

师范毕业后,老舍一直从事教育工作。当过小学校长和劝学员等公职。业余时间,他还在离家不远的缸瓦市基督教堂,上夜校攻读英文,并参与教会举办的一些公益活动。1922 年,他还接受了洗礼,有了英文名字 Colin C .Shu。老舍的优良品格和扎实的教学功底得到教会的高度认可。当英国伦敦大学东方学院邀请在中国的教会组织推荐一名来英国任教的中文老师时,教会的神职人员首先想到了老舍。为了给家里增加收入和开阔自己的视野,1924 年,25 岁的老舍离开了相依为命的母亲,奔赴异国他乡。

古都伦敦，文化氛围浓厚。老舍在那里用了大量的业余时间阅读书籍、参观文物古迹、观看话剧，并协助住在同一楼层，同在伦敦大学任教的同事艾支顿，翻译中国古典名著《金瓶梅》。为了工作方便，二人又同租了另外一个住处居住了三年。五年后正式出版的英文版《金瓶梅》扉页上，印有一行大字："To Colin C. Shu My friend"（献给我的朋友柯林C舒）。艾支顿在序言中写道："在我开始翻译时，舒庆春先生是东方学院的华语讲师，没有他不懈而慷慨的帮助，我永远也不敢进行这项工作。我将永远感谢他。"

在协助朋友的同时，老舍自己也尝试性地开展了文学创作。1926年，他的第一部长篇小说《老张的哲学》在国内的《小说月报》上连载，赢得读者的喜爱。老舍——这一如今已在华夏大地家喻户晓的笔名也正式诞生。此后的几年间，老舍又创作了多部小说。老舍曾多次讲到，如果不去英国，他成不了文学家!

1930年，老舍归国后受邀在山东济南的齐鲁大学教书。第二年在朋友的撮合帮助下，老舍与在北京师范大学国文系学习的胡絜青相恋并喜结连理。二人当时都可以算作是大龄青年了。

1934年，老舍又赴山东青岛任教。这一时期是老舍文学创作的高峰期。《猫城记》《月牙儿》等重量级作品先后诞生。

两年后他毅然地辞去工作专心创作《骆驼祥子》这一享誉世界文坛的长篇巨著。1936年，鲁迅在接受美国记者斯诺采访时提到，老舍、沈从文、郁达夫是中国短篇小说家最杰出的代表。如今，老舍在济南和青岛居住过的房屋都开辟成了故居纪念馆。在青岛的故居还起名为"骆驼祥子博物馆"，成为中国文学史和博物馆界的一大"奇观"。

老舍是一位有着强烈爱国心的作家。抗日战争爆发后，他积极投入到抗日工作中。他离开妻子和年幼的一双儿女，辗转武汉、重庆等地开展抗日工作。他担任了"中华全国文艺界抗敌协会"总务组组长，组织发动文艺工作者投入到爱国抗战工作中。他以身作则，创作了大量宣传抗战的文章、诗歌。为了宣传抗战，他还平生第一次尝试创作话剧和通俗易懂的民歌。他在抗战民歌中写道："年轻的好汉快扛枪，去打小日本大家忙，胆雄心细志气刚强，保住中华好家乡。有好汉国不亡，年青的好儿郎。"他在自己的纪实文学集《八方风雨》中写道："我有一枝笔，这枝笔是我抗战的本钱，也是我抗敌的武器……多少次敌人的炸弹落在我的附近，用沙土把我埋了半截。这，是流亡、是酸苦、是贫寒、是兴奋、是抗敌，也是八方风雨。"1943年，老舍在重庆狭小潮湿的"多鼠斋"中，开始了抗战长篇小说《四世同堂》的创作。他在重庆的生活极为艰苦，他先是借住在朋友林语堂家，一间小屋只能放下一桌一床。1943年，妻子胡絜青带着一双儿女来到重庆，老舍才另租了蔡锷路一处稍大一点的住所（今重庆市北碚区天生新村63号）。这一时期，老舍创作了数百篇抗战文学作品，他与周恩来等身在重庆的共产党领导也常有接触，并于1939年两次到延安慰问抗战将士。毛泽东还在欢迎大会上邀请老舍讲话。在延安期间，老舍与学者艾思奇、周扬、萧三等人秉烛夜谈，成为知己。延安军民的抗战热情和大无畏的革命精神，让他感动。他在散文集《剑北篇》的《宜川——青涧》一诗中写道：

听，抗战的歌声依然未断，

在新开的窑洞，在山田溪水之间，

壮烈的歌声，声声是抗战，

一直，一直延到大河两岸！

在这里，长发的文人赤脚终年，

他们写作，他们表演，

他们把抗战热情传播到民间，

冷笑着，他们看着敌人的炸弹！

1946年初，老舍和曹禺应邀赴美讲学。这是美国"国际教育与文化交流计划"项目的内容之一，此前已有金岳霖、费孝通、严济慈等学者赴美交流考察。1946年年底，在与曹禺按计划完成了在美国和加拿大的参观、座谈、演讲等活动后，曹禺按计划回国，老舍为了文学创作，则在纽约租下一套公寓房，开始了孤独而坚韧漫长的文学创作之路。他创作了长篇小说《鼓书艺人》，将《断魂枪》改编为话剧，完成了《四世同堂》的最后一部《饥荒》。其间，他还与美国女翻译家艾达·浦爱德合作，翻译出版了英文版《四世同堂》，接待了到美国访问的冯玉祥将军。有趣的是，老舍的《鼓书艺人》一书先出版了英文版，中文版是多年后才由英文版翻译而生。这在中国当代文学史上几乎是绝无仅有的。艾达·浦爱德中文听说能力很强，可认字能力差。老舍只得朗诵一段、浦爱德翻译一段，二人再面对面一起研究怎样把作品翻译得精准，这也是中美文学史上少有的奇事。其间，在美籍华人女作家赛珍珠的帮助下，《四世同堂》改名为 The Yellow Storm(《黄色风暴》) 正式出版，此书一经发行就受到欢迎。它让美国读者第一次了解和敬佩在东方古城中，那些在压迫和凌辱中仍保持民族气节的"老北京"们。1951 年，这部反映北京人抗日的作品在日本出版，竟然也成为畅销书，让人不能不敬佩这一文学巨著的魅力。而《四世同堂》的中文版原稿，在"十年浩劫"期间，100 章的书稿被上海《文学》杂志丢失了最后的 13 章。多年后，还是从英文版书籍翻译成中文，才于 2017 年出版了完整的中文版《四世同堂》。

另外，艾达·浦爱德也不只是翻译家。她的父母是美国浸礼会传教士，曾在山东胶东地区传教。她本人出生在山东黄县（今龙口市），在中国度过了童年和少年时期，回到美国后又在三所大学学习了文学、教育学、医学、社会服务等专业。1921年,她重新来到中国,受雇于美国洛克菲勒基金会,在协和医院创建社会服务部,同时还在燕京大学兼职教授社会服务学,一干就是12年。她还收养了一位中国女孩作养女。社会服务部主要任务是解决患者在治疗中,精神上、心理上、习惯上乃至经济上的一些问题和障碍,是医院、医生和患者之间的桥梁。她是中国医务社会工作的开创者。在抗日战争爆发后,她还积极救助国共两党抗战官兵;参与成立中国工业合作组织,发展后方经济,在工作中与宋庆龄成为革命伙伴和朋友。1947年12月,宋庆龄给浦爱德去信写道:"我卧病在床,方能给你写信,我总是思念你。"1971年,在宋庆龄的努力下,浦爱德再次回到阔别已久的中国,见到老友宋庆龄。可这时,她最思念的知心好友老舍,已长眠于地下……

2011年,中国文史出版社出版了浦爱德和她母亲的回忆录《美国母女中国情:一个传教士家族的中国记忆》。宋庆龄故居在2021年还举办展览,介绍中国工业合作组织在支援中国抗战和工业建设中所做出的巨大贡献。浦爱德一生未曾婚嫁,却把大爱献给中国人民。

在美期间,老舍还曾在纽约州萨拉托加温泉市的雅斗艺术中心居住生活了一段时间。雅斗是一座如同花园般的大别墅,或者说更像一座疗养院。它的主人史宾先生无偿提供房屋,供

历史的礼物：北京名人故居

来自世界各地的艺术家们居住、创作。中国作家张爱玲，曾到此暂住创作。老舍在此暂住了三个月，会见了美国进步女作家史沫特莱。她在抗战期间去过延安和太行山抗战前线，创作了《伟大的道路：朱德的生平与时代》一书。志趣相投的二人在雅斗策划成立基金会，支持中国的贫困作家。老舍如同唐代的杜甫，虽然自己并不富有，但是仍然想着"安得广厦千万间，大庇天下寒士俱欢颜"。

1949年12月，在多位亲朋好友的书信劝导下，老舍回到了祖国。1950年，他购买了北京东城迺兹府丰盛胡同（后更名为丰富胡同）10号这座普通的小四合院，老舍和妻子及三个儿

女入住于此。一家人搬入小院后,老舍在庭院中种植了两棵柿子树。老舍十分喜欢养花、养猫,每逢秋末,树上叶红果熟,树下菊花吐香。胡絜青给小院取了个雅号——"丹柿小院"。

小院占地400平方米,有前后两院。南侧前院为四四方方的四合院,北侧后院较狭小,只有一排后罩房。全院共19间房屋。小院院门朝东,为一座小巧的随墙门楼,门内是一处小型天井。进门后右转进入前院,迎面为一座图案简洁的五彩木影壁,影壁正中有胡絜青书写的"福"字。它是老舍亲自设计的,具有满族文化特点。小院北侧为附有耳房的三间正房。正房西侧的两间为会客厅,周恩来总理曾三次惠顾于此,与老舍商谈如何发展中国的文学事业。会客厅东侧一间为胡絜青的画室兼卧室。正房东侧小耳房为卫生间,而西侧一年四季不见阳光的小耳房,为老舍的卧室兼创作室。话剧《龙须沟》《茶馆》《西望长安》、北京曲剧《柳树井》(中国当时唯一的北京曲剧剧本)、长篇小说《正红旗下》等多部名著,都诞生于这间小小的耳房中。此外,老舍还在此创作了大量古体诗歌,改编和创作了大量曲艺作品。据其家人回忆,老舍非常喜欢这间院内最安静的小屋,他深夜在小屋内创作也不会打扰家人,正常情况下他每天要创作两三千字。这间屋也是院内唯一一间铺有木地板的房间。老舍体弱多病,很怕脚冷。在小院的东北角有间小锅炉房,小锅炉在冬季为全院提供暖气。

历史的礼物：北京名人故居

如今，故居正房、书房都按老舍生前的原状重新布置。书房的书架上、地上摆满了图书，都是老舍生前经常阅读的。书房的书桌上，摆放了老舍遗存下来的文具、眼镜、台灯、书籍等。其中包括了一件古朴的四方木盒，盒盖上刻写着"八宝印色"。这个小小的木盒身世非同寻常，里面装有冯玉祥将军抗战时期赠送给老舍的砚台。书房床铺上摆放了一副扑克牌，当年老舍写作劳累时，就一个人玩玩扑克解闷。老舍与许多作家一样，是个内敛、安静的人。他情感的抒发，主要依靠笔端。纪念馆内还展出了一部老舍使用过的缩小版《辞源》（上下册）。他在书的扉页写道："在学校时，总是借用学校的《辞源》。如今离了学校生活——作学生及老师——只好自己买一部了，到底买不起大号的。舍予十二年除夕。"此书为该馆老舍藏书中年代最早的一部，老舍购于1923年，那时他刚刚参加工作，身份由学生变为老师。

小院的西厢房当年是老舍三个女儿的住房，东厢房是厨房和餐厅。南房则是儿子舒乙的住房和储物间。老舍的子女在父母的培养下都考上了大学，不过都学了理科，让老舍很是"无奈"。如今，南侧房屋开辟为书店和门房，后院改为办公用房，东西厢房则开辟为展室。西厢房内通过图片和文字，展现了老舍一生的轨迹。这里展出的一台旧式留声机最吸引观众，展厅内反复播放老舍在英国讲授汉语课的声音，如同从留声机里发出的。观众不仅可以"看"到老舍,还能"听"到老舍。老舍的普通话发音非常标准,声调抑扬顿挫,富有感染力。

故居东厢房展出了老舍的西服、眼镜、皮包、结婚时朋友赠送的纪念徽章等藏品,以及多种版本(包括外文译本)的老舍的著作。老舍的著作在许多国家都有较高知名度。日本还有全国性的老舍读者会,并多年坚持组织会员来故居参观。

老舍在新中国成立后,先后担任过中国文联副主席、北京文联主席等职务,代表中国作家出访过印度、日本、捷克斯洛伐克等国家,与诺贝尔文学奖获得者川端康成有过深入交流。1951年,北京市人民政府为表扬老舍创作的《龙须沟》,向他颁发了"人民艺术家"奖状。1953年,老舍还与梅兰芳等艺术家一起赴朝鲜慰问志愿军官兵。当其他艺术家集体回国时,老舍却请求留下来亲赴前线,更真切地感受志愿军战士们前线英勇作战的情景。经过贺龙将军的特批,他在朝鲜战场停留了近六个月,写出了纪实报告文学《无名高地有了名》。回国后,老舍仍是常常深入工厂、农村,体验生活寻找创作灵感。他曾在北京密云、海淀等区县与农民同吃、同住、同劳动。可令人预料不到的是,在"十年浩劫"期间,老舍先是被组织"边缘化""靠边站",其后又被新闻媒体点名批判。1966年8月23日,老舍与荀慧生、端木蕻良、萧军、骆宾基等艺术家、文化学者共29人,被北京大学和北京第八女子中学的红卫兵,召集在北京市文化局机关院内一一点名，并在脖子上套上写着名字和罪名的沉重木牌，押解到东城区国子监街的孔庙内，"跪在焚烧京戏服装和道具的火堆前被毒打三个小时"。当时多亏了有好心人，看老舍被打得头破血流，提出把他这个反动派送到公安局派出所，才使得老舍逃过被继续毒打的劫难，得以多活了一天。

当天晚上，被释放的老舍回到家中。也许回家后他与家人进行了外人永远无法知晓内容的长谈，也许这个"反动分子"独自苦熬了一夜。那时，他在单位和社会上已成为孤家寡人。老舍原本是个随和友善之人。曾几何时，国家高级领导、国内外知名作家、北京人民艺术剧院的导演和演员，都是小院的常客。有一次几位作家好友在小院中聚餐，曹禺喝得大醉，直接滑到桌子下面。可在老舍被批倒批臭之时，没人再敢靠近这个院落。第二天，天刚蒙蒙亮老舍就起床外出了，出门前还与四岁的孙女小悦轻声道别："跟爷爷说再见。"可能老舍觉得，孩子的心是透亮的，知道她的爷爷是个好人。老舍从家出来后，应是一直向西北方向走去。他行走的路线无人得知。他可能路过景山、什刹海，路过缸瓦市基督教堂和小杨家胡同……这些他年轻时曾无数次走过的地方，无数次描绘过的地方。最后的终点，老舍选在了西城区新街口豁口北侧的太平湖。八月的湖边，路静人稀、草密林疏、湖水如镜、野花飘香。残破的古城墙，把这里与喧闹的城区隔开。静坐湖边，向西可远眺连绵起伏的西山，向东可遥望高耸的德胜门箭楼……他在湖岸边坐了一天，当夕阳隐入山后，四周一片黑暗，他悄悄地跳入水中。

老舍去世后，不仅骨灰没能留下，这座丹柿小院内的大部分房屋也被"公家"没收了。剩下的一家数口挤进了三间北房内，小院成了多户居住的民居。直到1978年，在邓小平同志的批示下，老舍得以平反，"故居"才得以全部归还给家属。1998年，经北京市文物局与家属协商，由北京市人民政府出资为家属另在他处购买住房，家属将故居和部分家中保存的老舍遗物、图书捐给国家，故居修缮后被开辟为纪念馆。1999年2月1日，老舍故居正式对全社会开放。这期间，笔者作为北京市文物局的工作人员曾多次来到这个小院，记得1998年第一次进入院中时，老舍之女舒济女士手中攥着正在校对的书稿，站在院中央，抬头对房顶上的爱人高喊："你小心点儿。"她告诉笔者，这房子几十年了都没有好好修缮过，瓦垄间长满了野草，部分房檐和檩条都已糟朽，一到夏天就漏雨，整个房子都得用苫布罩上。她兴致高昂地讲到，为了留存弘扬父亲"老舍"这一中华民族的珍贵文化遗产，她与弟弟舒乙进行了分工，她负责整理研究老舍遗作，已出版了《老舍旧体诗》等一批老舍遗作；舒乙负责整理研究老舍的生平，创作出版了《我的父亲老舍》等作品。北京市文物局决定修缮故居并将其开辟为纪念馆，了却了家属们多年的一个心愿。

什刹海、锣鼓巷风景区中的名人故居

在北京旧城内，有很多值得一逛的老街区，大栅栏、琉璃厂、王府井……可尽情体验都市的繁华热闹。可若想感受一下古都特有的幽雅宁静和文化韵味，近观杨柳依依、碧波荡漾，探访豪门深宅、贵胄府邸，搜寻名流遗踪、奇闻轶事，聆听晨钟暮鼓、梵呗声声，还是要去什刹海和锣鼓巷这两处北京老城内的风景名胜区。它们如同两幅北京历史风情画卷，让人可以尽情领略几百年间逐渐形成的古都古貌，领悟隐藏于古都骨骼深处的那些保证其屹立不倒、千年不衰的精神和文化支撑。它们使北京成为一座有灵魂、有思想、有情趣、有魅力的都城。在此，让我们尝试通过漫游两处风景区内的名人故居，来窥探其冰山一角。

辽金时期，辽南京城和金中都城，一直雄踞于今北京城区西南隅的广安门、鸭子桥一带。河湖密布的什刹海、锣鼓巷，那时只能算作"城近郊区"。元代至元二十二年（1285年），新营建的大都城基本建成。什刹海、锣鼓巷一带，临近皇宫，运河舳舻千里，达官显贵、文人雅士纷纷入住这两块风水宝地。忽必烈还下令金中都故城中"资高及居职者"迁入大都城内，每家划拨八亩"宅基地"。大量手工业者的入住，也使城里居民的衣食住行都有了保证。元代时，元朝丞相托克托曾住在什刹海旁，书法家赵孟頫曾游历于什刹海。当时的什刹海"扬波之橹，多于北冥之鱼，驰风之樯，繁于南山之笋"。而锣鼓巷地区，在整个地段中心有一个南北贯穿的主干道——锣鼓巷，多条垂直于它的东西走向的胡同，整齐排列其左右。由此，锣鼓巷又被人们称为"蜈蚣巷"。依照元大都设计规划者刘秉忠的安排，大都城内"居民区"被划成五十座"坊"，南锣鼓巷是其东面"昭回坊"和西面"靖恭坊"的分界线。

明清时，什刹海湖泊面积缩小，码头废弃，这里又多出大片土地。1421年，明成祖朱棣迁都北京，使古都的城市建设上升到一个"新版本"。什刹海、锣鼓巷地区"水木明瑟，琳宇辉映"。这一地带游玩可泛舟于河湖之间，购物有高档的地安门"后市"和地摊聚集的荷花市场，参禅悟道有火德真君庙、广化寺等十多座寺庙，吃饭有沿湖的酒肆茶楼。优越的地理位置和人文环境，使得明清数百年间，不断有达官显贵入住于此，文人雅士畅游于其中，留下许多奇闻逸事、不朽诗篇。明正统年间，内阁首辅李东阳，曾有《西涯杂咏十二首》描绘什刹海风光。李东阳幼年时，恰在锣鼓巷东侧的顺天府学就读。近六百年后的今天，这所学校仍叫"府学小学"。清代时，清廷规定北京古城内城只能由血统高贵的满族八旗居住，皇城边上的"优势地块"更是被王府豪宅占尽，造成了古城"南贫北穷、东富西贵"的区域差别。近现代时期，由于溥仪是签订条约退位，并未发生武装冲突。什刹海、锣鼓巷地区的原住民——清王朝的遗老遗少们，大多仍住在原来的大宅门中。1924年11月5日，溥仪被驱赶出紫禁城后，还带着嫔妃来到什刹海边，暂住于其父的醇亲王府。而皇后婉容的娘家，也位于锣鼓巷地区的帽儿胡同西口，毗邻通惠河道。南锣鼓巷风景名胜区，包含南北走向的南锣鼓巷和其两侧东西走向的16条胡同，清代时居住了大量的皇亲国戚、王公大臣，民国时又涌入大量政要官员、名流显贵。南锣鼓巷59号曾为清朝开国功臣洪承畴的宅院，炒豆胡同7号为僧格林沁王府，黑芝麻胡同13号为清末四川总督奎俊府邸，帽儿胡同7号至15号院为清末大学士文煜府邸和花园。南锣鼓巷地区内的圆恩寺胡同7号院，民国后期曾做过蒋介石的行辕，他曾于1945年、1948年两次入住于此。大院内既有中式的传统平房，也有西式洋楼、水池、喷泉、凉亭、假山，环境幽雅舒适、赏心悦目。中国民族音乐家王洛宾也出

143

生和生长在南锣鼓巷地区。

在什刹海南侧，有一座毫不逊色于醇亲王府的建筑群——恭王府。北洋时期王府的主人为恭亲王奕䜣之孙溥儒，他曾留学德国获得生物学、天文学双博士。可他却以鬻画为生并名扬天下，自号"旧王孙"。他曾将他家几代相传的珍贵文物晋代墨宝陆机的《平复帖》，重金售与收藏家张伯驹。而张伯驹晚年也居住于什刹海南岸，不知冥冥之中可有神力促成。张伯驹故居曾一度短暂开放过一段时间，2015年还成立了张伯驹潘素文化发展基金会，以传承夫妻二人的爱国主义人文精神。实事求是地讲，京城内那些王公贵族及官宦之家的子弟，由于自小学习四书五经，都有较深的国学功底。一生都居住在锣鼓巷板厂胡同34号的大收藏家朱家溍先生，为明代理学家朱熹第25代世孙，其父朱文钧为著名金石学家。朱家溍先生传承家风，深耕国学，抗日战争时期他在重庆投入到故宫博物院南迁文物的保护研究工作中。新中国成立后，他多次将数量众多的家传文物珍宝捐献给故宫博物院。他家原为"曾王府"（清初亲王曾格林沁府邸）的一部分，民国时被亲王的后代出售给了朱家。当然，清朝遗老遗少中，还有一些是肩不能扛、手不能提的"八旗子弟"，出售祖宅的也不在少数。恭王府西侧的涛贝勒府，就被天主教会购买，开办了辅仁大学。不过，这所大学确实为国家培养了很多人才，民国初年与北大、燕京、清华并称北平四大名校。朱家溍曾在该校国文系学习，刘少奇夫人王光美本科硕士都毕业于辅仁大学，并曾在校内物理系任助教。书画家启功先生曾为该校校长陈垣的弟子，并曾在校内当助教。指挥家李德伦、台湾女作家侯榕生等也都毕业于此校。而陈垣校长也住在恭王府西侧的兴华胡同内，离辅仁大学只有百余米路程。

新中国成立后，什刹海、锣鼓巷风貌未变，可居住的人群却有了近乎翻天覆地的变化。许多党和国家领导人、文化名人入住这片区域。徐向前元帅入住到恭王府西侧的柳荫街，萧军、丁玲、田间等文学家，都在幽静的什刹海畔购房安居。国际共产主义战士马海德医生，在20世纪50年代入住到什刹海北岸的卫生部宿舍。马海德出生于美国，在瑞士日内瓦医科大学取得博士学位。1936年，在宋庆龄先生介绍下他来到陕北延安，此后一直跟随部队转战各地，救治军民。1949年新中国成立后，马海德还为全国防治麻风病做出过重大贡献，他也是第一个加入新中国国籍和中国共产党的"外国人"。

什刹海、锣鼓巷地区，应是北京城内名人故居最密集的地区，难以一一细说，在此挑选三座已对社会开放的名人故居，共同观赏故居之神韵，感受名人的风采。

规模最大、风景最美——宋庆龄故居

宋庆龄故居，位于风景秀丽的什刹海北岸，大门正对天水一色、清澈见底的什刹海。故居占地2.5万平方米，建筑面积约5000平方米，是中国规模最大、风景最美的名人故居。在八百年前的元代，这一区域曾为京杭大运河的漕运终点和皇家码头。玉河自西而来，湖水充盈。蒙古人习惯把湖泊称作"海"，据传湖边曾有十座寺院，这里由此被称作"十刹海"。宋庆龄故居，在清代康熙年间，曾为权倾一时的满族贵族纳兰明珠的府邸花园。

院内修建了穿园而过的河道、荷莲相拥的池塘、曲折相连的游廊、平面如扇形的"箑亭"、平面呈"丁"字形的"听雨屋"，

历史的礼物：北京名人故居

以及多座雕梁画栋的院落和四座绿树如荫的土山。山间石笋林立、曲径通幽，伫立山顶可俯瞰三海、遥望西山。除了精致的建筑，园中的奇石古树也是一绝。在园中西侧石桥旁有一块如石笋一般，高高耸立的太湖石。巨石侧面刻有"岁岁平安"四字，为清乾隆朝成亲王永瑆的真迹。相距不远山脚下的另一块大型太湖石，为慈禧赐予醇亲王的，上面刻有慈禧手书"接福"二字。

在花园东北侧庭院中央，有一形如利剑、两米多高的"剑石"，直立于双层束腰、精雕宝珠莲花瓣的圆形石座上。而园中的西府海棠，每年春天花开时花香四溢；纳兰性德所栽的卫矛树，洁白细碎的小花昼开夜合，品种稀有；历经沧桑的凤凰国槐，曾遇雷电烧掉半边，使得古树整体形如一只欲飞的凤凰。

纳兰性德在其《渌水亭宴集诗序》中，描绘了花园的景色："象近魁三，天临尺五。墙依秀堞，云影周遭；门俯银塘，烟波滉漾。蛟潭雾尽，晴分太液池光；鹤渚秋清，翠写景山峰色。""象近魁三"为欣欣向荣、生机盎然之意，"天临尺五"则形容天水相接、近在咫尺。或许正是由于年少时生长于这种优渥幽雅的环境，青年时又突遭家庭巨变陷入困境，他才得以写出那些凄婉的词句："人生若只如初见，何事秋风悲画扇""我是人间惆怅客，知君何事泪纵横，断肠声里忆平生""卿自早醒侬自梦，更更，泣尽风檐夜雨铃"。自纳兰明珠之后，花园又更换了和珅、成亲王、醇亲王等多个身份显贵的主人。清代末期，此园成为清朝末代皇帝溥仪之父载沣的府邸花园。

新中国成立后，中央政府在古城内寻找办公地点。1951年，68岁的载沣与溥杰、溥任等八位子女商议后决定，将府邸售与国家。王府府邸和花园，此后许多年都为中央政府机关办公和教学场所。

1949年新中国成立前夕，宋庆龄仍居住在上海，担任中国国民党革命委员会名誉主席。其上海住所如今也开办为纪念馆对社会开放。宋庆龄于1946年抗日战争胜利后从重庆返回上海，上海是她出生和成长的地方，感情深厚。她回上海后多次发表反对蒋介石独裁和抨击政府腐败的讲话，屡次受到暗杀威胁。1949年5月27日，上海解放。与宋庆龄早就相识并有着革命友情的邓颖超，在宋庆龄曾经的秘书廖梦醒陪同下，带着毛泽东和周恩来的亲笔信赶赴上海，敬请宋庆龄北上共商国是。

孙中山于1925年在北京逝世，北京成为宋庆龄的心痛之地。加之仍担任国民党革命委员会名誉主席，是否离开上海北上，宋庆龄总是心中徘徊不定。经过反复沟通协商，1949年6月30日，宋庆龄终于同意北上，并在第二天中国共产党诞生纪念日7月1日，发表了《向中国共产党致敬》一文。她到达位于正阳门东侧的北平火车站时，包括毛泽东、周恩来在内的中央领导和宋庆龄的众多好友，都到达车站迎接。她随后出席了政治协商会议，参与了有宪法性质的《共同纲领》的起草，10月1日，登上了天安门城楼——作为中央人民政府副主席，出席中华人民共和国开国大典。

宋庆龄来到北京最初的十年，是住在北京市东城区方巾巷胡同的一座小院内（今东城区建国门街道朝内南小街439号）。这座小院曾住过燕京大学校长司徒雷登，院内有一座两层的西式砖木结构小洋楼，楼前楼后都有小型花园，楼内有一层地下室。小楼面阔20米，进深约17米，墙体为灰砖清水墙，二层南侧有阳台。楼房的内部装修也比较讲究，一楼东西两侧大房间都镶有壁炉，炉口有汉白玉浮雕"二龙戏珠"。这处住所，是周恩来专门为住惯了洋房的宋庆龄所选。她在此居住期间，接待过许多国际友人。但是，与徐悲鸿故居的情况类似，1959年，新选址建设的北京火车站建成，方巾巷胡同被拆除了大部分，这一地区也变得喧嚣嘈杂，宋庆龄只好搬离。

党中央先是安排宋庆龄住到了北海西河沿8号院，一所古色古香的大型四合院中。此院后来成为本书随后要介绍的郭沫若故居。此院的房屋全是传统式平房，室内相对潮湿阴冷一些，对于患有关节炎等疾病的宋庆龄十分不适宜。

1962年，在周恩来总理的亲自安排下，工作人员将什刹海北岸原醇亲王府花园腾给宋庆龄，并在花园内新建一座中西合璧的二层小楼，作为宋庆龄的住所兼办公楼。小楼为砖混结构，东西狭长，房顶为传统的筒瓦过垄脊屋面，楼内每间房屋都有宽大的玻璃窗。楼房的大门朝南开在楼的西侧，进门有宽阔的门厅，楼内东西通道设在中央，南北两侧各一排房屋，会客厅、卧室等重要房间，都在南侧朝阳的一面，房间高大宽敞。楼前有宽阔的草坪，楼后有一排鸽子房，饲养了数十只和平鸽。小楼与西侧原有的单层古建筑王府大戏台、"畅襟斋"相连，它们分别被改建为大客厅、餐厅。从 1963 年 4 月入住至 1981 年 5 月逝世，宋庆龄在这座花园内生活了 18 年。在这 18 年中，她的生活可谓喜忧各半。"十年浩劫"期间，她的老友、革命伙伴一个个地被打倒、批斗，抱着造反有理、砸烂"封私修"信条的红卫兵，还把上海万国公墓中她父母的坟墓给砸毁了。红卫兵小将们围在此院大门外高呼"革命"口号，批判她的资产阶级作风。当她的好友——廖仲恺何香凝夫妇之子，曾任华侨大学校长兼党委书记、中日友好协会会长的廖承志也被批判打倒后，心情沉重的宋庆龄将自己与世隔绝，很长时间不再出门、不再接见任何人。院内苍翠如盖的古树下，草坪中光滑的石凳上，常常可见到她独自一人，两三个小时一动不动的身影。

宋庆龄有一大爱好：饲养鸽子。每天看着一只只温顺轻盈的白鸽围在身边嬉戏啄食、成群地在空中翻飞翱翔，她的心情就会舒缓许多。可在"十年浩劫"那个特殊年代，她的这点儿爱好也被列为资产阶级生活作风，还遭到身边个别警卫战士

的白眼。其实，宋庆龄身上，一生都闪耀着人性的光辉。对待身边人，无论贵贱贫富她都一视同仁，遇有困难则慷慨相助。1963年，宋庆龄的一位警卫秘书隋永芳突患重病，她则把他的两个女儿隋永清、隋永洁先后收为养女。那时宋庆龄已经是六十多岁的老人了，对这两个小宝贝无比疼爱，对两位女儿渐渐生出的一些骄横任性的"公主病"，也是尽量宽容，虽然她和身边人对此"都头疼极了"。小女儿长大后要去美国留学，她也托美国朋友找关系、找学校，并取出了多年存在国内外银行的积蓄。1978年12月，宋庆龄特意回了一趟阔别多年的上海，将上海老房子中保存的家具、工艺品、纪念品、皮衣等卖掉，期望能解决自己经济上的窘迫。她内心原本是非常依恋上海老宅的。她曾多次对朋友讲，去北京是上班，到上海是回家。她原以为老宅的物品能卖上两三万元，没承想工作人员将其拉到附近的旧货商店，只卖出了2000元。离开上海前，她决然地把存在老宅的许多信件烧为灰烬。除了这两个养女，宋庆龄对跟随自己五十余年的保姆赵燕娥，更是千万般关爱呵护。赵燕娥比宋庆龄小近20岁。1927年，无法忍受丈夫的打骂虐待，赵燕娥孤身从老家广东中山跑到上海，在同乡的介绍下开始给宋庆龄当保姆。那一年宋庆龄34岁，赵燕娥16岁。二人从此开始了五十余年的相伴岁月。宋庆龄在与孙中山结婚后不久，曾怀上过一个孩子，可在一次战斗中为了掩护孙中山，孩子流产了。后来她又因病切除了子宫，一生没有自己的亲生子女。家人因政治原因全都渐行渐远，最终海天相隔，临终都未再相见。而赵燕娥在跟随宋庆龄时，也因爱上实施"美男计"的国民党特务而感情受挫，终身未再嫁。宋庆龄将赵燕娥当作自己无话不谈的亲姊妹相待，二人分居北京、上海两地时，也保持着一周通一次书信的联系。在赵燕娥晚年患癌症时，宋庆龄把她从上海老宅接到北京，找最好的大夫为她医治。1981年，赵燕娥去世，宋庆龄亲自安排后事，将她的骨灰送回上海葬在宋氏家族墓地，安葬在自己父母的墓旁。同年的四个月之后，伤心过度的宋庆龄逝世。按照她的遗嘱，实行了火葬，骨灰埋在了父母墓旁的另一侧，墓的规格、形制，与赵燕娥完全相同。

另外值得一提的是，孙中山也曾到访过醇亲王府（王府与花园相连）。清帝逊位后，载沣赋闲于家。1912年9月10日，孙中山曾亲自登门拜访，在载沣的书房"宝翰堂"会谈。孙中山赞扬载沣："你拥护共和，这很好呀！虽然你是摄政王，但将来在中华民国五族共和的大家庭里，你还是有前途的。"

宋庆龄逝世后，整个故居大院由中国宋庆龄基金会下属的宋庆龄故居管理中心负责保护管理，并对社会开放。如今故居小楼内的大多数房间都已开辟为展室，一部分房间保持了当年

宋庆龄生前的原状，包括会客室、餐厅、卧室、书房、厨房等，通过室内的陈设可以感受到，她生前的生活非常简朴，故居楼道中有一副康乐棋，宋庆龄生前在休息时，常与身边工作人员一起打棋娱乐。

据讲解人员介绍，故居二楼她的卧室，生前从未让男士进去过，除她之外只有养女和保姆进出。在故居中大院西端，近年来还新开辟了展厅，通过数百件遗物、历史照片、模型、场景等，展示孙中山先生的革命历程，以及宋庆龄伟大的一生：留学美国、冲破家庭的束缚与孙中山结为革命伴侣、参与孙中山与反动军阀斗争的武装革命、实现国民党与中国共产党的合作等。孙中山逝世后，宋庆龄凭借坚强的意志，仍然坚持为民族解放和人民的民主自由奉献自己的心血。她先后主导组建了上海妇女联合会、北伐红十字会、中国国民党革命委员会、中国民权保障同盟、保卫中国同盟、中国福利基金会。无论是反对蒋介石独裁的革命运动、推动国共二次合作，还是抗日战争、解放战争、维护世界和平，都可以看到她的身影。她多次不顾个人安危赴前线慰问浴血奋战的官兵。宋庆龄曾于 1927 年至 1931 年在欧洲多国旅居生活 4 年，不仅掌握多国语言、了解国际形势，还结识了大量国际友人，促成他们支持帮助中国人民的民族解放事业。他们中的一些人，还亲自来到中国与中国人并肩作战建设家园。他们中许多人都与宋庆龄成为终生的好友，包括马海德医生、作家伊斯雷尔·爱波斯坦、作家路易·艾黎、农牧学家阳早寒春夫妇等。作家埃德加·斯诺，也是在宋庆龄的影响和推荐下去了延安，写下了《红星照耀中国》一书，让全世界了解到革命根据地延安的真实面貌。斯诺在他主编的中国作家小说集《活的中国》一书扉页中，如此感叹道："献给宋庆龄，她坚贞不屈、勇敢忠诚和崇高的精神，是'活的中国'的卓越而光辉的象征。"宋庆龄为世界了解中国打开了一扇窗、开辟了一条路。

新中国成立后，宋庆龄把大量精力投入到妇女儿童权益保障工作中。她如同一面旗帜、一座灯塔、一位领航员，开创了中国妇女儿童解放发展事业。

在展厅内和露天庭院中，有多座汉白玉雕成的宋庆龄坐像、半身像，她的微笑是那么的温暖、慈祥、亲切。她是一个把自己与全国妇女儿童的命运融合在一起的人间"女神"和"天使"。1950年，她领导创办了《儿童时代》杂志并亲自题写刊名、撰写发刊词。她写道："过去，在半封建半殖民地的社会里，许多小朋友得不到温暖的保护，充分的营养和文化教育，他们在悲惨的黑暗的环境中流浪与挣扎。现在，全国大陆基本上已获得解放，太阳光已照耀到每个人身上，民主的新鲜空气，充满在每个角落，使小朋友们自由地、活泼地创造新的时代。《儿童时代》的刊行，便是在给儿童指示正确的道路，启发他们的思想，使他们走向光明灿烂的境地。"宋庆龄先后给杂志写过10篇文章和4次题词。1981年她在临终前，还为《人民日报》和《儿童时代》撰写了《愿小树苗健康成长》一文，并在她去世后第三天——"六一儿童节"刊发。她寄语少年儿童要努力学习科学文化知识、要锻炼身体、要有健康的文化艺术修养、要经得起暴风雨和病虫害的考验，"为创造更高的物质文明和精神文明做出超过前人的巨大贡献"。

曾为同仁堂大宅门——郭沫若故居

鲁迅先生曾有这样一句名言:"悲剧将人生的有价值的东西毁灭给人看,喜剧将那无价值的撕破给人看。"参观完郭沫若故居,在敬佩他做出的巨大成就的同时,也能体会到鲁迅先生这句话的深刻含义。

历史的礼物：北京名人故居

郭沫若故居，环境优雅、建筑精美，故居主人有着超人的智慧、伟大的艺术成就、辉煌的学术成果、感人至深的爱国情怀。同时，在20世纪的中国，由于社会的动荡、时代的变迁，他又有着千言万语难以道尽的人生经历。

郭沫若故居占地7000平方米，位于什刹海南侧前海西街路口，它是进入什刹海景区最主要、最热闹的一条街巷。故居门外有一座宽大的砖砌影壁，彰显着院落主人身份的显贵。仿古式故居大门宽阔高大，门额上悬挂着邓颖超题写的黑底金字木制匾额——"郭沫若故居"。郭沫若故居的上级管理单位为中国社会科学院，郭沫若曾任中国科学院第一任院长，而中国社会科学院是以中国科学院哲学社会科学部为基础组建的。

进入故居大门，迎面有两座人工堆成的小土丘，郁郁葱葱。门左侧是办公用房，右侧是一片小树林。此院落在清代是恭王府的草料厂和马厩的一部分。1922年，同仁堂乐氏家族继承人、创办达仁堂药铺的乐达仁，从恭亲王之孙溥伟手中购得这块土地，议价一万六千大洋。乐氏家族购入后，将原有的一百多间房屋全部拆除，重新规划建设，大门内正中庭院内，修建了两座种满奇花异草的小土山，西北角建了一座小洋楼（已被隔离在故居围墙之外），北半部分建造了传统垂花门和两进四合院，院内屋顶为较高档的筒瓦过垄脊屋面，墙体为磨砖对缝的清水墙，廊柱门窗为朱红大漆，室内宽敞高大，窗明几净。当年院中还辟出了一小块空地养鹿取茸。乐达仁曾留学于英、德两国，他运用西方先进技术和管理方式，使得达仁堂药铺生意红火，并在全国 18 个城市开办了分店和药用动植物养殖（种植）场，收入颇丰。院中这两座土丘也具有寓意：双"山"为"屾"，为极静之意，表达了主人希望闹中取静的心愿。而小院北面与之隔街相望的，也恰好为北海静心斋古建筑群。另按八卦五行之说，土生木、木生火。林木茂盛的小山，有助于主人以"木"为原材、以"火"为工艺的制药生意兴旺发达。

进入故居大门，右侧是一片银杏树林，这里最吸引人的是一座郭沫若铜雕坐像。他跷着二郎腿、微仰头颅目视远方，神

态怡然洒脱，显示出诗人浪漫的气质。坐像左侧有一棵高大的银杏树，枝繁叶茂，身世传奇。

1949 年郭沫若来到北京后，最初的住所是西四小院胡同 5 号院。小院胡同为南北走向，东侧为繁华的西四大街，清朝和民国时期这一带的居住者非富即贵。5 号院原为清代多罗贝勒永恩府的一部分，多罗为清太祖努尔哈赤第二子代善的后裔。民国时期，此宅为国民革命 29 军将领冯志安所有。他最初为冯玉祥的部下，曾参加了驱逐溥仪出宫的行动。1933 年，他曾担任张自忠将军的副手，在京北长城一线与日军顽强作战。张自忠将军在北京的故居坐落于府右街胡同——如今的自忠小学内。两座故居相距不到 1.5 千米。郭沫若一家人搬入后，住在 5 号院中的一座灰砖二层楼中。郭沫若将一层东侧改为自己的书房，西侧当作起居室和会客厅，楼上是一家人的卧室。在此居住的 14 年中，他在处理各种政务的同时，凭借顽强的毅力完成了大量文史等方面的学术论著和《蔡文姬》《武则天》两部历史剧。郭沫若与老舍等许多文学家一样，闲暇时喜欢在院中种树养花。1954 年春，其夫人于立群去南方养病，六个年幼的子女十分思念母亲。他带着孩子们去西山大觉寺游玩时，看到寺中"古柯不计数人围，叶茂孙枝绿荫肥"的千年古银杏树，想出了个方法。他特意从寺院中移栽了一棵小银杏树苗种在自家院中，并嘱托孩子们要仔细呵护，待树苗长出绿叶时，

什刹海、锣鼓巷风景区中的名人故居

妈妈就会回家了。他同孩子们一起给小树苗起名"妈妈树"。小树苗果然不负众望，苗壮成长起来，妈妈也病愈回到了北京。1963年，郭沫若一家人迁入什刹海畔这处新家时，全家人都舍不得这棵伴随他们十几年的小树，便将它移进了新居。小树在新家中也不断地开枝散叶，院中长出了几十株"子孙树"。

在银杏林北侧，是一座精美的垂花门。门后的两进四合院，就是故居的主要建筑了。院中四面的房屋，全都用带有封闭玻璃窗的游廊相连，冬暖夏凉干净整洁。如今，前院中曾当作郭沫若办公室、会客室、卧室的正房，以及后院中曾作为郭沫若夫人于立群写字间、卧室和家庭居室的正房，都保持了当年的原状，对观众展出。院落的东西厢房则开办为展厅，分别展示郭沫若生平事迹，以及他在文学、考古学、促进世界和平等方面的巨大成就。郭沫若故居的展览，在形式设计上可谓匠心独具，既让观众了解了郭沫若晚年工作生活的真实状态，也全面介绍了他独特的人生，尤其是他的精神世界。

郭沫若于1892年出生于四川嘉定府乐山县沙湾镇（今乐山市沙湾区）一个地主兼营商业的家庭。他自幼聪慧绝伦，三岁可背古诗、五岁可赋诗写对联。有一次他与同学钻洞私进寺院、爬树摘桃，私塾先生罚他们作对，出上联：昨日偷桃钻狗洞不知是谁。郭沫若立即回答道：他年攀桂步蟾宫必定有我。先生讲到岳飞、文天祥时，他在课堂发言道："要为振兴中华

多读书，为富国强兵读好书。"稍年长，他赴乐山县和成都市读书，虽然成绩总是第一，可却因参加反对学校专制的罢课两次被开除。1913年初冬，郭沫若来到北京投奔任"川边经略使代表"的大哥郭开文。郭开文曾在日本留学，思想开放。相处的几十天中，他感到弟弟有理想、有抱负、勤奋好学，决定资助弟弟东渡日本留学，以利更大发展。

郭沫若与鲁迅先生一样，最初也选择了医学专业。可在留学期间他喜欢上了文学艺术，创作发表了大量诗歌、话剧，翻译了歌德的《少年维特之烦恼》等世界名著。他的文学作品水平极高，有着激昂向上、追求自由、反对封建专制的浪漫主义精神。他在诗歌《天上的街市》中写道："我想那缥缈的空中，定然有美丽的街市。街市陈列的一些物品，定然是世上没有的珍奇。你看，那浅浅的天河，定然是不甚宽广。我想那隔着河的女郎织女，定能够骑着牛儿来往。"他在《煤中炉——眷念祖国的情绪》中对自己即将别离的爱人倾诉道："啊，我年青的女郎！我想我的前身，原本是有用的横梁，我活埋在地底多年，到今朝才得重见天光。"郭沫若还是中国早期马克思主义的研究者和传播者。1925年5月，郭沫若翻译了日本政治经济学家河上肇所著的《社会组织与社会革命》，此书对马克思主义进行了较深入的研究和阐述。此后几年中，他又翻译了《政治经济学批判》《德意志意识形态》等多部马克思的经典著作，深受读者欢迎，多次再版。在同一时期，他还发表了《新国家的创造》等大量政论文章，用马克思主义影响"万千青年"。郭沫若还以马克思主义唯物史观，开展史学研究，这也使他成为学术界公认的史学大家。

1926年，郭沫若回到祖国，加入国民党并参加了消灭封建军阀、实现国家统一的北伐战争。7月20日，在广东大学法律学院，朋友们举办了"欢迎吕汉群至广州并欢送郭沫若等同志参加北伐大会"，宣告了他的出征。他最初在北伐军总政治部工作，亲自组织开展了大量文化宣传工作和群众性文化活动。1926年10月26日，他主持武汉各团体联合举行阵亡烈士追悼会，并代表蒋介石撰写了一副挽联："嗟尔忠魂，恢弘党国；存吾浩气，涤荡山河。"蒋介石十分器重并极力拉拢郭沫若，可郭沫若对其施行独裁统治和排挤、迫害共产党的行为极为愤怒。1927年3月，郭沫若在上海会见了周恩来。3月31日，他在南昌朱德家中写了讨蒋檄文——《请看今日之蒋介石》，并由此受到国民党政府的通缉。而这一切并未将他吓倒，他毅然地参加了"八一"南昌起义，与贺龙、彭泽民一起加入了中国共产党。

1928年，郭沫若在中国人民的老朋友内山完造的帮助下，再次东渡日本，开始了他新的九年旅日生涯。在这九年中，他一方面继续从事文学创作和国外名著的翻译工作，一方面开展甲骨文的研究，成为中国甲骨文研究的一代宗师。1937年7月，抗日战争全面爆发，"南京政府要他归去"。为了国家和民族，郭沫若决定抛妻舍子回国参战。郭沫若的这位日本妻子原名佐藤富子，又名安娜，是一名护士。他们育有四子一女。在郭沫若回国参加抗战后，她还遭受了警察的审讯毒打，之后又一个人含辛茹苦地把子女抚养成人。1939年，中日已经成为刀兵相见的敌对国,郭沫若与已加入中国共产党的于立群在重庆结婚,婚后先后生育了六位子女。

1937年7月27日,郭沫若回到国内。国民政府行政院代表何廉从南京赶到上海码头迎接,做出了高调姿态。郭沫若未与之过多交流,就抓紧时间通过关系与党组织取得联系。第二天,中共代表夏衍与郭沫若会面商议今后的工作,并为他安排了住处。郭沫若在当晚文艺界为他举办的欢迎会上朗诵了自己的一首新作:"又当投笔请缨时,别妇抛雏断藕丝。去国十年余泪血,登舟三宿见旌旗。欣将残骨埋诸夏,哭吐精诚赋此诗。四万万人齐蹈厉,同心同德一戎衣。"此诗表明了他为了祖国弃家从戎的决心和对各族人民团结一心共同抗战的呼吁。此诗为步鲁迅1931年所作《惯于长夜过春时》的诗韵,而鲁迅的原诗是为悼念被国民党杀害的柔石、胡也频等五位左翼作家而写,郭沫若的新诗可能不仅仅是表达对鲁迅的崇敬,应有更深的寓意隐含其中。郭沫若归国后,担任国民政府政治部第三厅厅长,其部下有田汉、阳翰生等多位共产党人和洪深、胡愈之等左翼文化界名人。他一方面组织大家开展抗战宣传和统战工作,一方面以超强的毅力和激情,创作了《屈原》《虎符》《高渐离》等多部历史剧和《甲申三百年祭》等文章,鼓舞全民抗战。1945年,身在重庆的中共领导人周恩来安排郭沫若起草了《文化界时局进言》,并让他联络臧克家、翦伯赞、冰心等数十位文化名人签字，呼吁国民党当局施行民主政治。

抗战胜利后，郭沫若在中共党组织的安排下，于 1948 年 11 月 23 日，与许广平、马叙伦等民主人士到了东北解放区，参与新中国的筹备工作。进入面貌一新的解放区，56 岁的郭沫若感觉到自己迎来了一次新生："树待春光发，人期凯歌旋。我今真解放，尘垢脱好蝉。"新中国成立后，郭沫若当选为中国文联主席，并被委任政务院副总理、文教委主任、中国科学院院长等职务，1958 年还担任了中国科技大学首任校长，并在许多组织兼职。对于那些兼职，他也并非为图名利，许多是不得已而为之。1955 年，中国科学院哲学社会科学部的负责人、历史学家尹达邀请郭沫若兼职担任历史所学术委员，郭沫若真诚地给尹达回信道："学委中千万不要列名。我最怕开会，耳朵聋，实在也没有办法。我并非消极，我天天也在做事。但空头名衔太多，于心实难安。"老舍等文化名人的书信集中，也保存了许多类似的信件。这些文化人相互团结关爱，一同努力把中国的文化事业推向新的高度。

在搬入什刹海故居最初的几年间，郭沫若一家人的生活还是比较幸福快乐的。妻子于立群在打理好一家人生活的同时，还帮助丈夫整理文件、查找研究资料，练习书法。故居后院正房的西墙上，挂着一组巨幅篆书四条屏，为于立群所书毛主席诗词《沁园春·雪》真迹。全篇笔法端庄大气、厚重饱满，章法贯通一气、蔚为大观,在当代书界可称翘楚。同样在这一房间中央,还有一张十分独特的方桌,桌面下每个边框上有一个小抽屉。它是郭沫若让国务院机关事务局专门为他制作的麻将桌,小抽屉内可放牌手的"赌资"。他是四川人,好打麻将,闲暇时常请客人或和家人一起娱乐。

如果没有残酷的"十年浩劫",郭沫若应该能为国家科学文化发展做出更多贡献。1966年至1976年的"十年浩劫",让我国的科学研究和文化事业几乎停滞。呼啸而来的政治风暴,也让郭沫若无所适从。那一时期,在他的公开讲话中,常有对自己毫不吝啬的批判。遇到危难,他则是隐忍、躲避,幻想退避三舍便可明哲保身。终究,1966年时他已是74岁的老人了。可"革命"的狂风暴雨还是席卷到了郭沫若一家人。1967年,他与于立群的三子24岁的郭民英自杀。郭沫若违心向组织上检讨:"没有教育好子女。"而事实上,郭民英青少年时就有音乐天赋,还考入了中央音乐学院。可是,由于他将家中的录音机带到学校,播放西方古典音乐而受到批判,中途退学参军,精神上受到巨大打击,最终走上绝路。1968年4月,他与于立群所生的二子26岁的郭世英又被逼跳楼而亡。郭世英年少时就才华出众,在101中学读书时曾为三好学生,1962年毕业后考入外交学院,后又转入北京大学哲学系。尼采、萨特等西方哲学家都被列入了他自学研究的视野。他还与几位中学的同学组织了个"X诗社",抒发追求自由与浪漫的情感。这在当时的社会背景下是绝不允许的。郭沫若曾劝说过儿子,告诉他如今已不是当年的"五四"时期,结社和发表作品要慎重。1963年,诗社的其他几位成员被判刑入狱。郭世英由于父亲特殊的身份,被下放到了河南黄泛区西华农场进行改造。几年后,他又在父亲的疏通下去了北京农业大学。郭世英来到学校后，一开始与同学们相处得很融洽，就连常用四川话与他聊天的老乡也不知他是郭沫若的儿子。直到"文革"开始，学校里突然贴出了批判郭沫若郭世英父子的大字报，他的身份才暴露于同学中。此后，他自觉远离了身边的同学，努力自学遗传学、生物学等专业课程，还秘密地交往了女朋友。对于需要帮助的同学和与他有同样遭遇的陌生人，他仍尽最大努力去帮助，未曾失其善良、正直的本性。可在两年后，学校中的一群激进的红卫兵小将，还是把他捆绑在教学楼四层的教室内进行逼供，让他交代反革命罪行。1968年4月22日清晨，他趁"看守"临时空缺时，带着捆绑的椅子跳窗而下，离开了这个世界。据郭世英北大同学哲学家周国平回忆，他在第三天知道消息后赶到什刹海畔的郭家慰问，于立群仍在号啕大哭。郭沫若始终沉默地在院子中，用小刀切割自己制作的肥皂。在以后的几个月里，郭沫若每日都一个人躲在前院的书房中，用宣纸抄写儿子的日记、书信，以缓解内心的思念之苦、丧子之痛，逃避妻子愤恨的责怪。他一共抄写装订了八册放在自己的床头，希望能通过这种方式让自己与"儿子"永远相伴不分离，直到1978年去世。1979年2月，在郭沫若去世八个月后，他的妻子于立群也自杀而亡。依照郭沫若的遗言，他的骨灰被撒到了山西大寨的梯田中。1965年冬天，郭沫若曾去大寨参观，被大寨人顽强的精神所感动，生前多次表示死后要埋在那里。1992年,大寨村民在村里为他设立了纪念碑,并在碑的背面镌刻了他1966年发表在《光明日报》的打油诗《颂大寨》:"全国学大寨,大寨学全国。人是千里人,乐以天下乐。狼窝变良田,凶岁夺大熟。红旗毛泽东,红遍天一角。"

让生命绽放出最后的光芒——茅盾故居

"胡同入口很窄,只能容一辆车通过,胡同有千余米长,却很幽静,住家不多。据说清朝时这条胡同里主要是官宦们的宅邸。十三号在这条胡同里是比较不起眼的一户,灰色的矮墙中间嵌着一扇油漆斑驳的朱红门,门前矗立着两棵十几米高的杨树，像卫士一样守卫在大门的左右，给这座古朴的小院增添了几分肃穆。这是一个小四合院，只有一进半院子，没有影壁，也没有回廊。进门右手有一间六七平方米的小屋，左手也有一间，略大，两间屋门相对。站在大门口向院里窥视就能把前院一览无余。三间正房一大二小，坐北朝南，房前有一米宽的廊沿，中堂堂屋约二十平方米，左右耳房有十余平方米。东西厢房和南房各有三间，大的十二三平方米，小的不到十平方米。所有的房间都是花砖地。院子呈长方形，铺着青砖，不过已坑洼不平。正房台阶下，左右各有一棵白蜡树，西边耳房前又有一棵高大的枝叶茂盛的椿树。院子中央有一葡萄架，但已朽蚀，葡萄架下是两条长方形花圃，里面已是杂草丛生。穿过正房堂屋可进入后半进院子，院子很小，不过五米见方。三间正房也有廊沿，房内铺的是地板。东西厢房各一间，很小，是堆杂物的。""我们回家商量，爸爸说整个院子虽不大，但很紧凑，我们人丁不多，足够用了。尤其妙在小房间很多，这样服务人员都能安顿下来，我那些书也有了存放的地方。"

上述文字是茅盾之子韦韬（原名沈霜），在《茅盾的晚年生活》一文中描述的他与父亲一起看房、入住的经历。他们选中的这座小院，就是如今对社会开放的北京茅盾故居，位于锣鼓巷风景区内的后圆恩寺胡同13号。它与郭沫若故居产权性质相同，同为公房，由中央政府房产部门统一调配安

排入住。这个小院占地 800 平方米，建筑面积 532 平方米，大小房间共 22 间。小院共有前后两个庭院，茅盾入住在后院有地板且光线充足的正房。那里较安静，适合他读书写作。茅盾儿子一家人和保姆住在前院，院中各房间都有电铃，有事前后呼应很方便。他们入住前，国管局又对小院房屋进行了修缮，加盖了男女厕所。

　　茅盾自新中国成立，就在毛泽东主席和周恩来总理的邀请下，担任了中华人民共和国文化部部长、中国文学工作者协会主席等职务。晚年时，他又担任了全国政协副主席。按他的行政级别，政府都要给安排一处独立院落居住，一般还配有保姆、司机、警卫等服务人员。不过茅盾直到1974年末才搬入此院。此前在北京生活的几十年，他一直住在东四头条5号院——文化部宿舍大院内的一栋二层老式别墅中。茅盾自年轻时就有严重的失眠症，晚年身体状况很差，眼神不好，手脚也不利索，上下楼存在困难和危险。在家人的劝说下，他向组织提出换一处平房居住。负责国家领导住房管理工作的国务院机关事务管理局，马上给茅盾提供了两处四合院供他选择。他最终选定了后圆恩寺胡同13号院。这一区域有许多大宅院，一直到21世纪，仍有党和国家的高级领导居住于此。茅盾入住这座小院时，已经处于没有实权的边缘化状态。最初的一段时间里，他每天"宅"在家中看书、看电视消磨时光。由于与当时的政治环境格格不入，他已不敢进行文学创作，并把未发表的珍贵手稿全部销毁！有多少精彩的文学作品毁于火中，已无人知晓。

  茅盾与老舍、鲁迅一样，是中国20世纪为数不多的、享誉世界的伟大作家。他们的作品，全都为中国的广大民众尤其是青年人所喜爱。一个民族，若要永久地屹立于世界民族之林并受到尊重，就必须有伟大的文化艺术成就，拥有伟大的艺术家。而一个民族若要永久地具有旺盛的生命力，更需要有文化的传承和发展，需要不断地有辉煌而伟大的艺术作品诞生。茅盾、老舍、鲁迅、郭沫若这些艺术巨匠们，担当起了传承民族文明火种的重任。他们为民族文化发展，谱写出了时代的篇章，为世界其他国家的人民，打开了一扇了解中华民族的窗户。他们点亮了一支支烛火、树立起一座座灯塔，让世界对中华民族所特有的精神和华夏文明肃然起敬。他们的作品，深刻地反映了他们生存的那个时代，蕴含了深邃的思想，鼓舞和启迪了一批又一批的年轻人自觉地为社会的进步发出光和热。这是说教和鞭笞永远无法达到的效果。

茅盾在1949年以前，是一位十分勤奋且多产的作家，创作发表了大量精美的小说、散文、诗歌、话剧、译著、童话、文学评论……所有的文学体裁他都有作品问世。后人编纂的《茅盾全集》达四十一卷。据不完全统计，他所写小说达1400多万字，翻译国外作品250余万字。新中国成立后，他因忙于政务而没有时间写作，对此，他十分苦恼，曾请求周总理特批一定时间的"创作假"。而他挤出时间创作的作品，又因担忧不合时宜全深藏于柜底。但是，他在担任文化部部长的十几年间发挥出的超强的能量，推动了新中国文化事业的转型和发展。他主持设立了国家文物局，以开展中华民族优秀文化遗产的保护工作。老朋友郑振铎，被他聘为首任局长。他兼任《人民文学》主编时，扶持和发掘了许多有才华的文学新秀，促进了新中国文学创作的繁荣。他还大力推动群众文化活动的开展，认为只有普通百姓的文化水平和文化修养提高了，中国的文化才是真正发展起来了。可是，在新中国成立后的"反右"等政治运动中，无数文艺界老友被批倒批臭，这又让他内心极为苦痛。1964年，周恩来与茅盾进行了一次长谈，茅盾随后在年底时卸任文化部部长之职，被选举为全国政协副主席。此后数年间，他刻意远离文学，更没有开展自己原本日思夜想的文学创作。1968年，弟媳张琴秋含冤跳楼自杀，1976年，在哈尔滨军工大学任教的侄女张玛亚，也被迫害致死。这一切更让他心如死灰。1976年，周恩来总理去世，茅盾创作了挽诗表明心境"万众号咷哲人萎，竞传举世颂功勋。灵前恸极神思乱，挥泪难成哀挽文。"直到1978年党的十一届三中全会召开，全党在政治、思想、组织等各个方面都实现了拨乱反正，茅盾才感觉到创作的春天又回来了。就在这个小院中，他开始创作回忆录——《我走过的道路》。由于那时他视力极弱，大部分内容都是他口述，由儿媳和孙女录音整理后，他再使用放大镜审阅、修改。这种撰写工作，他一直坚持到生命的最后一刻。

茅盾在回忆录的序言中写道："我今年实足年龄84，如果10岁而知人事，则74年的所作所为，实多内疚。"他认为自己的一生"虽不足法，尚可为戒"。他在序中声明："所记事物，务求真实。"此书从他自己的家乡、亲人、童年写起，直到他1948年冬从香港到大连为止，让读者了解了他50多年的人生经历。不过，茅盾本人在此书写到1934年时就抱憾逝世，后一部分是家属根据录音和相关文献补充的。通过此书，加之国内多名学者、友人所写的茅盾传记、回忆录等，茅盾传奇的一生，才得以非常清晰完整地呈现在世人面前。

茅盾于1896年出生于浙江省桐乡市乌镇。这里如今已成为闻名全国的旅游景区，茅盾家的老宅也成为景区内游人必到之处。小镇以河为街、依河筑屋、商铺栉比、百业兴旺。在鱼米之乡的江南，百姓本来都可以过上"小桥流水人家"式的安宁生活。但是，茅盾出生时，清政府软弱无力，中华民族已成为西方列强和周边的俄国、日本欺辱的对象，绝大多数百姓都已民不聊生。还好的是，茅盾家境殷实，父母都很开明。少年时的他，除了苦读传统的四书五经，还学习科学知识、阅读了大量古代小说等"闲书"。识文断字的母亲也常亲自教授他文化知识。茅盾天资聪慧、学习刻苦，17岁时考入了北京大学预科。那时，北京大学设立了预科、本科、研究生三级制度，预科的课程也囊括了国文、地理、数理化等，许多老师还是来自国外的"洋人"。茅盾10岁时父亲去世，母亲一直盼望他早日担起家庭的经济责任。茅盾三年预科毕业后，去了距离故乡较近的上海，在商务印书馆找到了一个编辑工作。

那时，马克思主义已开始传入中国，陈独秀在上海创办的

《新青年》杂志大量宣传新思想。茅盾工作之余开始给《新青年》投稿，并于1920年参加了陈独秀发起的共产主义小组，此后又成为中国共产党秘密党员。他白天编杂志、翻译图书，晚上从事政治工作。其间，他为党组织翻译了《美国共产党党纲》《美国共产党宣言》等文献，还介绍自己的弟弟沈泽民加入了中国共产党。沈泽民其后曾担任中共中央宣传部部长、鄂豫皖书记等要职，其妻张琴秋还参加了两万五千里长征、抗日战争和解放战争。1925年1月，茅盾与陈云等共产党人一起，领导了产业工人用罢工争取权力的"五卅运动"。1926年1月，茅盾参加了在广州召开的国民党第二次全国代表大会，毛泽东、吴玉章等中共早期领导数十人出席了这次大会。经过共产党人的努力，大会形成决议：国民党继续执行联俄、联共、扶助农工的三大政策。会议结束后，茅盾留在广州担任国民党宣传部秘书。

1927年，中国共产党领导的南昌起义失败后，茅盾与党组织失去了联系。他回到上海埋头文学创作，写出了长篇小说《幻灭》和评论鲁迅的文章。鲁迅看到文章后还和弟弟周建人一起拜访了他。而此时，国民党仍未放弃对共产党人的追捕，在原中共早期领导人之一、《共产党宣言》译者陈望道的建议下，茅盾避难日本。当时，与茅盾同行的还有一位女共产党员秦德君，二人到达日本后居住生活在了一起。早在1916年20岁时，茅盾就在母亲安排下，与自小订婚的同乡孔德沚结婚。但是，孔德沚那时候既不会写字，也不会算数，令茅盾十分失望。还是茅盾的母亲比较有主见，马上开始教授儿媳文化知识。随着妻子文化水平的提高，夫妻二人的隔阂也缩小了许多，并先后生下了女儿沈霞、儿子沈霜。一家五口曾度过了一段快乐的时光。丈夫的移情别恋，让孔德沚伤心而又不知所措。这一次又是有主见的婆婆告诉她，有两个孩子在你身边，茅盾一定会回来的。三年后茅盾从日本回到上海，在母亲的劝说下与秦德君分手，回归家庭。

回国后的茅盾，被革命作家冯乃超拉入进步组织中国左翼作家联盟。不过此时，茅盾已不再热衷于年轻人组织的游行、讲演、贴标语等活动，已有了自己的主张和准则。他以笔墨做火种、做刀枪，来引导青年人与独裁统治作斗争。1933年，茅盾创作的文学巨作《子夜》正式出版。小说深刻揭露了当时中国社会的各种矛盾，结构宏大、人物鲜活，单行本几度脱销。同年，茅盾还与老友郑振铎一起创办了《文学》杂志。第二年，他又与鲁迅一起创办了专门发表翻译作品的《译文》杂志，两份杂志都受到青年读者的热烈喜爱。

1937年7月7日，全面抗日战争爆发。茅盾一方面不断发表文章呼吁中华民族团结抗战，一方面拖家带口从上海逃亡于武汉、长沙、广州、香港等地。这期间，他与周恩来、陈独秀、郭沫若等中共老友会了面。1939年，他在朋友的劝说下，带着一家人去了新疆。当时统治新疆的"土皇帝"盛世才，表面上与中共关系密切，营造出开明民主的政治环境，吸引大量有志青年投奔于此。而实际上盛世才在私下里，与国民党暗通款曲，为独裁统治做准备。1940年，茅盾的母亲去世，他以回故乡奔丧的理由，逃离了新疆，而那些留在新疆的共产党人和进步青年，没过多久就都被关进了监狱。

茅盾离开新疆所到的第一站是兰州，这里距离陕北较近。茅盾决定去向往已久的延安走一趟。他先来到西安，找到了八路军驻西安办事处，并在此偶遇了周恩来和朱德，随后一家人搭乘朱德总司令的汽车，北上延安。到达目的地他一下汽车，就看到了迎接他的老朋友张闻天、陈云，他们曾一起在上海开展过革命活动。第二天，茅盾见到了在延安女子大学任职的弟媳张琴秋。晚间，他又拜访了毛泽东，表达出自己想去前线，为文学创作积累一些素材的想法。毛泽东劝导茅盾留在延安的鲁迅艺术学校，那里缺少像茅盾这样的旗帜。就这样，茅盾留在了延安。时间如白驹过隙，一晃半年时间过去了，老朋友张闻天表情严肃地找到了忙碌工作的茅盾。原来，在重庆的周恩来给党中央写信，请求调茅盾去重庆担任文化工作委员会常务委员，利用茅盾的影响力来团结重庆的文化界爱国人士。为了党的事业，茅盾把一双儿女留在了延安，请弟媳帮助照顾，自己和夫人赶赴国民党统治下的、境地十分危险的重庆。临行前，他还提出希望恢复自己曾经的组织关系，以表示革命的决心。可他万万没想到，5年后，他和夫人安然无恙，他最喜爱的女儿沈霞，却在做堕胎手术时不幸感染，离开了人世。而她做此手术，竟是为了不耽误去抗战前线开展革命工作。

1940年11月，茅盾来到了雾都重庆，在郭沫若的领导下开展文化工作。可是，1941年1月，国民党发动了围袭中共领导的新四军的皖南事变，国共合作面临破裂的危险。为了保存实力，周恩来安排包括茅盾在内的许多文化界名人去了香港。当时的香港，还是英国殖民地。茅盾在香港撰写并在《大众生活》周刊上连载了长篇小说《腐蚀》，受到读者的热烈欢迎。小说的单行本在陕北解放区也公开发行，其发行量为当时的文学作品全国第一。小说的主人公为一名国民党女特务，小说描绘出她在第二次反共高潮中的经历，她既是一个双手沾满革命者鲜血的特务，同时又悔恨自己的罪行，最后走上救赎自新之路。

当茅盾仍筹划着继续创作新的作品之时，1941年底，日本侵略者又侵占了香港。茅盾夫妇在共产党抗日武装东江游击队的安排和护送下，逃到了广西桂林。由于经济拮据，他们夫妻二人只能借住在朋友邵荃麟家八平方米的小厨房中。在桂林，茅盾又创作出长篇小说《霜叶红于二月花》和多篇短篇小说。这些作品又是一经发表，便引起轰动。这时，国民党特务开始不断来纠缠茅盾，让他回重庆"为国效力"。茅盾经过几个月的利弊权衡，最终在1942年底又回到了重庆。茅盾表面上是受蒋介石的邀请回来，但实际上是在周恩来的领导下从事反蒋和抗日活动。

1945年，抗日战争胜利后，茅盾回到了阔别已久的上海，继续开展文学创作。这时，一个意外惊喜降临其身，苏联政府的文化部门，邀请他去访问。1946年12月，茅盾夫妇先坐轮船至海参崴，再转火车经过12天的长途旅行，来到了苏联首都莫斯科。在这里，他们参观了列宁图书馆、高尔基博物馆等地方，会见了许多苏联知名作家。最让他惊喜的是，他见到了弟弟沈泽民的女儿张玛亚。1930年，弟弟、弟媳为了回国参加革命，忍痛把女儿留在了苏联。十多年过去了，张玛亚已经根本不会听、说汉语了。1947年，茅盾回到上海后，发表了20多篇介绍苏联的文章，成为许多人眼中的"苏联通"。可当时的中国，内战越来越激烈，国民党大肆捕杀文化界左翼进步人士。于是，茅盾在中共地下组织的安排下秘密转移到香港。在那里，他完成了人生的最后一部长篇小说《锻炼》，并在香港《文汇报》上连载110天。

1949年1月，在党组织的安排下，茅盾与李济深、章乃器等20多位民主人士一同乘船奔赴东北解放区。在北平和平解放后，又来到北平，参加新中国的创建，并在党中央的安排下，从一个文学家转变为政治家。在以后的几十年间，他为国家文化事业发展鞠躬尽瘁，临终前还提出以自己积蓄的 25 万元稿费设立基金（后定名为"茅盾文学奖"），奖励优秀长篇小说创作。如今，茅盾文学奖已成为中国文学创作最高的荣誉奖项之一，《芙蓉镇》《平凡的世界》《白鹿原》《额尔古纳河右岸》等 55 部为人民大众喜爱的长篇小说获此殊荣。茅盾先生，人已远去，可他留下的作品、以他名字命名的茅盾文学奖却会永存于世，永远感染、鼓舞世人，以及一代又一代的文学爱好者。

用科学之光照亮中国
——京城内的两处科学家故居

近现代的中华民族，饱受西方列强欺辱。无数中华民族的优秀儿女，没有在欺辱中沉沦，而是励精图志努力寻找报国之路。这其中包括了无数的科学家和医学家，他们尝试探索用科学之光照亮中国，用西方医学拯救苍生。他们中有许多人都曾居住生活在北京这块土地上。在清末和民国早期，京师大学堂（北京大学前身）、清华学堂（清华大学前身）、协和医学院、北京中央医院、中国地质调查所、中华化学工业会等许多重量级院校、西式医院、科研机构、学术组织在北京创立，使北京一时成为科学巨擘、医学巨子云集的地方。1945年抗日战争胜利后，北京大学、清华大学等又陆续迁回北京、正常办学。1947年，北京拥有专科以上学校达13所。与此同时，协和医学院、北京中央医院等大型医院也恢复正常就诊。许多知名教授、名医，都在北京重新开启救国救民之路，并在这里安家立业。那时，在北京大学周边、协和医院周边，居住了许多大学教授和名医，例如，现北京市东城区府学胡同 36 号大院曾当作北京大学教授集体宿舍院，包括物理学家饶裕泰、化学家袁翰青、博物馆学家韩寿萱等 24 位教授与家人在此院居住；名医林巧稚、吴阶平，都曾在协和医院附近的东堂子胡同居住。

1949 年新中国成立后，几乎所有重要科研领域的顶级研究机构都设立在首都北京，全国许多顶级的科学家被邀请至首都北京。可以说，北京是近现代和当代中国科学家故居最多的城市。但是，由于许多科学家居住在居民楼内、大学校园内，他们的研究工作也主要是在工作单位进行，并且许多科学家还曾多年开展秘密科研工作，科学家自身也是心在科研，对居住条件从未有较高要求，因而其故居大多简陋、狭小。在北京市海淀区中关村，有三座被称为"中关村特楼"的普通三层居民楼。它们是中国科学院的宿舍楼，居住过包括钱学森、钱三强、郭永怀、童第周等 60 余位顶尖科学家（其中包含 8 位"两弹一星"元勋）。这三座小楼以特殊的身份躲过了在城市改造中被拆迁的命运，可是却很难以名人故居的身份对社会开放，且这三座小楼至今仍有居民居住。在北京乃至全国，想通过参观故居来了解那些科学家救国图强的人生足迹，难度近似探寻蜀道。不过，令人欣慰的是，目前北京市境内已有一处科学家故居和一处医学家故居对社会开放，希望能让世人通过参观这两位科学家的故居，来了解他们毕生求索的轨迹，认识他们对中华民族、对全人类发展进步所做的贡献。

与研究所建在一起——李四光旧居

20世纪初,一批觉醒的华夏儿女,在中华大地掀起了反对封建统治的思想解放运动,"德先生"(民主)和"赛先生"(科学)成为他们的理想与信念。从那时起,一代又一代的优秀中

华儿女，为了科学、为了祖国的强盛献出了青春、热血，乃至生命。竺可桢、侯德榜、茅以升、叶企孙、童第周……他们如同一颗颗闪亮的星辰、一支支燃烧的蜡烛，用自己的生命温暖了华夏大地，照亮后人前行的道路。

但是，今天如果我们想要找寻他们前行的足迹，探访他们曾经生活居住的地方，却不是一件容易的事。在我国的文物古迹中，名人故居所占比例非常非常小，其中有多个省和自治区没有一处名人故居被列入受政府保护的省市级文物保护单位。而剩余的省、自治区也是少则二三处，多则四五处，数量极为有限。而这些较为"稀有"的名人故居中，科学家的故居更是凤毛麟角踪迹难寻。

北京海淀区魏公村民族大学南路 11 号中国地质科学院地质力学研究所院内，十分难得地保存了一座已被列为文物保护单位的科学家故居——李四光旧居。而更难能可贵的是，这座旧居与研究所办公楼一二层共 2000 平方米的面积，被开辟为了李四光纪念馆展厅，接待观众预约参观。纪念馆于 1989 年李四光 100 周年诞辰之际，经中共中央宣传部特批正式开放，2015 年又进行了扩建，自然资源部的领导亲自为大楼前安放的李四光半身雕像揭幕。如今，这里已经成为许多中小学校和学生家长带孩子们游学、研学的必选之地。

2021 年夏季，在新冠疫情缓解之际，笔者有幸与来自李四

光故乡湖北黄冈市团风县的特殊观众，一同参观了李四光旧居。更幸运的是，李四光的外孙女邹宗平老师还亲自进行热情地讲解。据纪念馆的工作人员介绍，邹老师已经68岁了，她的母亲是李四光夫妇唯一的孩子。父亲邹承鲁和母亲李林都曾是中国科学院院士。为了科学研究，母亲在她幼年时就将她送到姥爷姥姥的身边，由姥爷姥姥代为抚养，并代替自己陪伴老人。同样为了科研，邹宗平的父母两地分居了十二年。这种生活经历，让邹宗平老师自小就有一种独立的性格，并认识到科学家们的艰辛。如今，邹宗平老师成为纪念馆的义务讲解员，常年坚持在一线，与观众面对面交流互动。她的讲解亲切感人，而且她还能通过自己和家人的亲身经历告诉观众，科学家对于社会、对于国家、对于全人类的重要意义，科学家为研究工作所付出的艰辛和牺牲。

李四光旧居建成于 1962 年，是一座红砖砌筑的局部二层西式平顶洋房，居住和办公兼用。整个建筑平面类似 L 形，大门所在的西侧较东侧宽出一间房屋。旧居外观简朴大方，没有任何装饰纹饰。旧居房屋室内高度超过 3.5 米，窗户宽大，部分窗户还建成了突出墙外的飘窗，其总建筑面积近 1000 平方米。旧居西南角的墙体缩进一角，在伸出的平顶楼板下形成一个两面开放的方形门廊，廊内北侧的大门坐北朝南。旧居外西侧是车辆通行的道路，其他三面全是茂密的树林和林荫小路。这座旧居建筑是李四光亲自选址并由其夫人设计的。当时，国家已分配给他一座位于城区内的大房子。可看后他觉得市区环境不适合做科研工作，而且也无法在旁边新建一个研究所，最终选择在紫竹院公园北面的一片明清旧坟地修建了地质力学研究所和住宅。他还与夫人许淑彬一起在旧居四周开荒种树，开辟菜园美化环境。如今，李四光夫妇当年散步踩出的小路已被开辟为参观步道，步道两旁的树林中安置李四光名言石刻和冰川漂砾巨石，供人们参观学习。旧居内的一层门厅、客厅、走廊都已开辟为展室，展出大量李四光生前使用过的珍贵物品和历史照片，包括他归国时使用的皮箱，生前用过的指南针、手表、照相机、印章，与入党批准人地质部党组书记何长工的合影，

历史的礼物：北京名人故居

1958 年加入中国共产党的纪念照，李四光与女儿女婿三人的院士证书……一层的会议室、办公室和卧室则保持了李四光生前的原状。旧居内还开辟了一间小的放映厅，播放李四光生平视频短片。

从西侧大门走进旧居，是一间长方形门厅。通过这里展出的珍贵文物、墙上的照片和文字，观众可以了解新中国成立之前，李四光所走过的人生之路。李四光出身于贫寒家庭，幸运的是父亲是个教书匠。由于父亲教导有方加之李四光聪颖好学，李四光刚步入少年时期就考入了武汉高等小学，并将自己的名字由李仲揆改为李四光。15 岁那年，他又考上了清政府的官派日本留学生。清朝末年，帝国主义凭借坚船利炮欺侮中国，李四光抱着救国图强的赤子之心选择了造船专业，发誓要为祖国设计建造出一流的轮船。刚到日本的第一年，他巧遇并结识了革命党领袖宋教仁，受到了民主革命思想的启蒙，明白了中国的落后挨打都源于政治制度的落后和清政府的腐败。他毅然决然地剪掉了盘在头上的辫子与旧制度决裂。1905 年，16 岁的李四光参加了孙中山在日本东京赤坂区松町三番召开的中国同盟会筹备会，宣誓加入同盟会。孙中山看到年少志高的李四光高兴地说："我们同盟会有你这么年少的会员，革命一定会成功。"在旧居展厅的墙面，悬挂着一幅孙中山与李四光会面的巨幅油画，画中题写了当年孙中山勉励李四光的祝语："努力向学，蔚为国用！"

1910年，李四光留学毕业回到了武汉，并在1911年参加了推翻清朝政权的辛亥革命。他在战斗中屡建奇功。在一次战斗中，起义军与清政府武装持续对峙，李四光自告奋勇主动请缨，孤身一人至敌方营盘谈判，取得了兵不血刃的奇功。辛亥革命胜利后，李四光出任武汉军政府实业部长。可是，革命成果被袁世凯篡夺令李四光十分失望。黎元洪为了安抚李四光，于1913年由新政府出资供李四光赴英国留学。此时的李四光，报效国家的初心仍未动摇。他觉得造船需要钢铁，选修了炼钢专业。可是，在学习中他又了解到中国铁矿资源贫乏，中国人自己还不会探矿，他又在英国伯明翰大学选修了采矿专业和地质学。由于留学经费拮据，他在业余时间经常到矿山去做工，这为他今后的科研实践积累了经验。1919年，李四光用英文撰写了三百多页的高水平论文《中国之地质》，被伯明翰大学授予了自然科学硕士学位。在毕业的第二年，32岁的李四光回到祖国，任职北京大学，教书育人。1922年，他还与章鸿钊、丁文江、翁文灏等科学家一起发起成立了中国地质学会，并兼任第一届副会长。1928年，国民政府计划建设武汉大学，李四光作为筹备委员会委员长又承担起了筹备工作。从大学选址到教学楼的设计、学科的设置……他都亲力亲为。至今，依山傍水绿树成荫的武汉大学，仍被评为"中国最美的大学"。李四光

用科学之光照亮中国——京城内的两处科学家故居

手扶毛驴的高大雕像,仍矗立在校园内。当年选址时,李四光就是骑着毛驴来到武昌的东湖之滨珞珈山下,选定了校址。李四光在教书育人的同时,也积极参与推动国家进步的各种社会活动。在过厅展柜中陈列着一张老旧的北京大学校刊,上面报道了李大钊烈士被北洋军阀张作霖杀害后,北京大学发起了修墓捐款活动,易培基、李四光等教授都积极响应慷慨解囊。

在旧居客厅的展品中,有两件陈列在一起的乐器十分醒目、意义极为特殊——一把小提琴和一架老式钢琴。当年留学期间,李四光一个人感到孤独时,经常用这把小提琴抒发自己的情感。

197

历史的礼物：北京名人故居

提琴旁的一页琴谱是李四光谱写的小提琴曲《行路难》，这也是中国历史上第一首小提琴独奏曲。而旁边的那架钢琴，则是李四光与爱人许淑彬相识、相恋、相伴的见证。1921年，中国南方多省发生水灾，北平文化界组织赈灾义演，一位端庄秀美的女孩在台上演奏了一曲钢琴曲。她名叫许淑彬，父亲许世雄为晚清政府驻英大使，她当时是北平师范大学附属中学的英文兼音乐老师。她的琴声打动了台下的李四光。在朋友们的介绍下，相差8岁的二人开始交往，并在默契合奏中相互倾心，最终突破家庭的反对在一起，风雨相伴48个春秋。

旧居门厅南侧是会议室和办公室，会议室内摆放一圈皮质沙发，扶手全都表皮开裂。它们是当年李四光的夫人为了省钱在旧货市场购买的，而李四光又经常在家中召开会议，沙发成为他一家人节俭和辛苦操劳的证明。在会议室靠窗的一侧柜子中，陈列着许多第四季冰川地质标本，它们大多是李四光亲手采集的。在地球形成后的46亿年间，曾出现过三次冰期让地球极度变冷。其中最晚的一次在200万至300万年前的第四纪（地质学年代），地球的北半部许多地区都发现了第四纪冰期的冰川遗迹。然而，在20世纪初期，世界绝大多数地质学者都认为中国没有第四纪冰川遗迹。而李四光抱着严谨的科学态度和不屈不挠的钻研精神，经过多次野外实地考察和研究，向世界证明中国存在第四纪冰川遗迹，在世界地质科学中发出了中国声音。到了 21 世纪，中国科学家已在祖国大地多处发现第四纪冰川遗迹，证明了李四光的科学结论。同样依靠这种科学精神，李四光在新中国成立后，又在寻找油田和铀矿中做出巨大贡献。周恩来总理曾称赞说："李四光是一面旗帜。"

在李四光的办公室内，房屋中央摆放了一台大写字台，台面上的地球仪十分醒目，似是向观众再一次强调房屋主人的与众不同。在写字台后面墙上，悬挂了一大块玻璃黑板。李四光经常与同事们一边研讨科学问题一边在黑板上推演求证。在办公室北侧依墙摆放了一排高大的书柜，柜中摆满了中文和外文书籍。从办公室再向东走，就是走廊和李四光的卧室，卧室内的陈设十分简朴。在讲解中，邹宗平老师还特别介绍了展柜中一本发黄的名为《天文、地质、古生物资料摘要（初稿）》的册子。这个小册子约 17 万字，附 60 多幅插图和照片，封面上印写了成书时间——1969 年 12 月。1969 年 5 月，毛泽东主席在中南海接见科技界群众代表时，特意邀请李四光留下单独谈话。而早在新中国成立之初的 1954 年，毛泽东为解决中国的石油资源匮乏问题，就曾与李四光进行了面对面的详谈。1964 年元旦，毛泽东还请李四光到中南海观看豫剧《朝阳沟》，二人也算是老朋友了。毛泽东向李四光表示对他研究的科学领域非常感兴趣，想请李四光推荐一些书籍。李四光觉得市面上现有的书籍过于专业，就抓紧时间用了约 8 个月的时间，为毛泽

东编写了这本科普读物。此书在 1972 年正式出版发行，分章节介绍了天文学、地质学和古生物学的起源及发展，并提出"系统科学"的概念。

　　走出旧居小楼，邹宗平老师又带领我们走进了西北侧的现代化研究所大楼。这里的展览包括了一层大厅的中心区域和二层展厅。展品中有难得一见的探矿和测量地震仪器，包括寻找铀矿的伽马仪、测量地震的地震仪、地震记录仪和烟熏地震仪；展览展出了地质研究所寻找到的珍贵稀有的各种矿石标本，包括金矿矿石、海底矿石、南极矿石。展览以光辉足迹、卓越贡献、精神永存、事业传承四个部分，介绍了新中国成立后李四光的生平事迹，以及他逝世后中国地质科研工作的发展进程和伟大成就。

1949年新中国一成立，正在英国讲学的李四光就在周恩来总理的安排下，辗转欧洲、香港秘密回国，并担任中国科学院副院长。此后他又出任过东北地质专科学校校长、中国科学院地质研究所所长、地质部部长等职务。他创立了地质力学理论，并率领团队为国家寻找大型油田和稀有的铀矿提供了理论基础。而早在20世纪30年代，李四光就曾指派学生在广西寻找铀矿，并有了初步的发现。展厅中的许多设备和图片显示，李四光一直带团队研究地震预报和地热能源的开采利用，并在世界范围处于领先地位。他还在中国首次系统研究䗴科化石，首先发现并论证了中国第四纪冰川。这些都是非常重要的基础研究，而人类的科学技术进展，全都依赖于这些几十年甚至数百年看似无用的基础科学研究来支撑。李四光在开展地质研究时，常常深入到全国各地的深山老林中实地勘查。1971年，患重病躺在医院病床上的李四光向医生恳求道："只要再给我半年时间，地震预报的探索工作就会看到结果的。"邹宗平老师讲道："就在姥爷去世的前一天，还在对我母亲讲，我已经82

岁了，死也不算早，就是有件事放心不下，这就是周总理交给我的地震预报工作还没有过关。他的心中，最惦记的还是科研工作和人民的安危！"

鼠疫斗士现代中国医师捐献的洋楼——伍连德故居

2015 年，中国医药学家屠呦呦被授予诺贝尔生理学或医学奖，以表扬她从中草药中分离出青蒿素应用于疟疾治疗的科研成果。评审委员会认为：世界上每年有约 2 亿人感染疟疾，"得益于屠呦呦的研究，过去十年全球疟疾死亡率下降了 50%，感

染率降低了 40%"。屠呦呦是中国第一位获得诺贝尔生理学或医学奖的中国医学家。不过，早在 80 年前的 1935 年，中国就另有一位医学家获得过该奖项的提名，他就是伍连德医生。伍连德因在肺鼠疫防治实践与研究上的杰出成就及发现旱獭（土拨鼠）在其传播中的作用，获得该奖项的正式提名。2023 年年底，北京的伍连德故居对社会开放。此前，在 2016 年，东城区政府投入了 4650 万元开展了故居内居民的腾退工作，并拨巨资进行整治修缮，恢复原状。其后，由北京伍连德基金会和北京协和医学院群医学及公共卫生学院设计制作展览，开始运营接待观众。伍连德医生当年抗击疫情的伟大事迹、宝贵经验，以及他传奇的一生，逐渐被越来越多的人所知晓。

伍连德故居位于北京市东城区东堂子胡同东口南侧，而他曾任职医官的清政府外务部，就在南侧毗邻的胡同中（今外交部街）。故居整体建筑由院北侧一座精巧的三层西洋式楼房和南侧方型庭院以及东西两侧的几间平房组成。伍连德于 1911 年以 6000 元（500 英镑）的价格从一个英国人手中购买了故居所在院落，占地 0.25 英亩（1011.71 平方米）。由于自幼体弱多病的妻子黄淑琼（1884—1937）比较喜胡同内安静的环境，1916 年，他请德国建筑设计师在院内设计新建了这座砖混式洋楼。小楼地上三层地下一层，楼房正面朝南，南北共有四个楼门方便进出。小楼的屋顶为红色瓦楞铁覆顶，为双折两坡的法国孟莎式风格。楼房屋顶上半部分坡度较陡，下半部分极为平缓。屋顶正面建造了两处老虎窗（窗户探出房屋顶部并垂直于地面），三层阁楼的采光、通风良好，屋顶外观像一顶宽沿尖顶帽，活泼、浪漫。小楼外墙为红砖砌筑，色彩上与屋顶和谐统一，整体感观典雅、秀逸。与中式建筑不同，小楼一层正中没有大门，取而代之的是一间东西狭长的长方形门厅，突出于

主体建筑之外。门厅上方建有平整的露台和女儿墙(护栏矮墙)。门厅东西两侧各有一单扇木门,木门外有朝向东西外侧方向的五级石台阶,通往下方的庭院地面。在两侧台阶后方,紧依外墙各建有通向地下室的楼梯,宽阔的地下室被分割为锅炉房、厨房、储物间,烧煤的大锅炉可保证全院冬季供暖和一家人生活用水。楼内一层门厅北侧是非常宽大的客厅,客厅东西北三面有多间较小的房间,是伍连德三个孩子和亲朋临时居住的房间。其中东西两侧的小房间各有一道楼门,可以从北侧进出小楼,去往北侧的东堂子胡同。在客厅西侧一个独立空间内,还建有木制楼梯通向二层和三层。小楼二层正中朝阳的大房间是伍连德夫妇的卧室,宽大的窗户和彩色玻璃,让室内明亮且温馨。卧室周围的几间小房间,是主人的起居室、书房、卫生间等。在卧室内凭窗远眺,胡同中一座座整齐排列的平房和点缀其中的伞形葱绿树冠,尽收眼底。平房屋顶上灰黑色如鱼鳞一般排列的青瓦,又使得这些房屋如列队畅游的鱼群。从卧室来到露台,则可以俯看整个庭院。它是伍连德聘请曾留学法国的著名建筑师华南圭设计的。华南圭曾担任过詹天佑的助手,也住在东堂子胡同。伍连德在他的英文版自传《鼠疫斗士——一位现代中国医师的自传》中写道:"漂亮的花园装点着盆景和随季节变化的鲜花。我们还买了不同时期的旧式神灵和美人的白色大理石雕像,安置在适当的角落中,并安放了一个巨大的大理石屏风，上面镌刻着与中国三国历史有关的各种场景和人物。还有一些精致的大理石雕刻品，是一张方茶桌连带四个圆凳，一个报时的古代日晷。这些古董是古董商人从圆明园搜集来的1860年劫后余存。"伍连德夫妇在这里招待过许多国家的著名医学家、驻华官员和家人。伍连德夫人还在这里创作了三本畅销于欧美的书籍：《杨贵妃》《西施，超凡脱俗的美女》《昭君，放逐的美人》。伍连德一家人在此居住了20余年，直到1937年伍连德夫人去世。新中国成立后，伍连德捐献了此楼："中华医学会的总部从上海迁至北京，我将这一所宽敞建筑连同数千册图书捐献出来，作为学会的办公场所和藏书数千册的图书室。"如今，故居院落围墙上和楼内一、二层房间内、南侧两间平房内，都布置了简略的展板和展览，介绍伍连德医生的平生事迹。其中在故居内北侧平房中，展出了伍连德后人捐赠的伍连德设计并使用过的旋转餐桌桌盘和一双筷子。伍连德当年在开展防疫时，就宣传推广使用公筷，旋转桌盘则便于每位就餐者用公筷夹菜。只有这两件展品，是整个故居展览中的文物真品。

　　伍连德医生，于1879年3月10日出生于马来西亚的槟榔屿（今马来西亚滨岛市）。他的父亲伍祺学，16岁时像许多广东年轻人一样下南洋闯荡，离开故乡新宁县（今台山市）来到槟榔屿的一家金匠中当学徒。伍祺学心灵手巧、勤奋好学，几年后就开办了自己的铺面,其后又与同样来自广东的客家女林彩繁结婚,拥有了一个虽不宽裕但温馨和睦的家庭。夫妻二人共生育了11个子女,伍连德是第四子。7岁时,伍连德到当地教会开办的槟城大英义学读书。当时的槟榔屿属于英国的殖民地,学校采用英文教学,课程与英国本土基本一致。为了稳固对殖民地的统治,英国政府还设立了女皇奖学金,资助优秀学生赴英国本土攻读大学。聪明好学的伍连德于1896年考取了当年唯一一个留学名额。当年9月,伍连德进入学费较低的英国剑桥大学依曼纽学院学习。他这一去就去了七年,期间不仅没有回过故乡,也没有向家中要过一分钱,全凭一次又一次优异成绩换取的奖学金度日。他的学生服和教材,都是向高年级的学长购买的二手货,住所也将就在学校附近一个经常吵吵闹闹的贫困家庭中。

第一学年,伍连德选修了化学、动物学、人体解剖学和生理学;第二学年他进入实验室和解剖室进行实际操作;第三学年他开始学习基础细菌学和病理学;第四学年和第五学年他开始学习药物学,并跟随多位知名教授开展学术研究,在指定医院中实习。相对周围热衷于体验英国优雅绅士生活的同学,伍连德更愿意将时间花费在学术研究和救助病人上。在妇科助产实习时,他曾到贫困人家出诊,在无所遮蔽的干草上为孕妇接生。由于他的勤奋努力,他成为1896级剑桥大学医科学生中,唯一一个在 5 年零 3 个月就通过了全部学业考试的学生。这时的伍连德又有了更高志向：获取内科和外科双学士，开展更深入的医学研究。他先在伦敦西南部一所治疗结核及胸科疾病的医院获得内科住院医师的职位，并利用这个职位来研究故乡常见的传染病。正所谓上天眷顾有准备和有远见的人，他刚工作了几个月，就收到了剑桥大学的研究奖学金，资助他去德国和法国的顶级医学研究所开展中期学术交流和研究工作，以扶持帮助他撰写论文获取博士学位。

1903 年，伍连德开始了他在欧洲大陆的学术研究。可在巴黎医学研究所实验室做研究时，一次医疗事故险些夺去他的生命。他在打开一支培养破伤风病菌的玻璃试管时，试管破裂，碎片扎入他的手指。幸运的是，同事罗马罗亚医学博士莱瓦迪恰好在旁边，他马上跑去医务处取来大量抗破伤风血清，注射进伍连德的体内。研究所让伍连德暂停研究，观察一段时间。经过一周时间的观察，病情并未发作，同事纷纷向他表示祝贺。1939 年，在晋察冀根据地参加抗战的白求恩医生，就是手指感染破伤风病菌而牺牲。

1903 年，伍连德修完全部博士课程通过论文答辩，坐船途经新加坡回到阔别 7 年的故乡槟榔屿。此后，他开始在家乡正式行医并同时进行学术研究，还与来自福建的大家闺秀黄淑琼女士订了婚。作为一名岛内少有的医学博士，伍连德积极推动当地的公共卫生事业发展。他经常撰写文章、举办讲座、组建公益组织、参加国际会议、向英国政府写信，要求禁止在马来西亚销售和吸食鸦片。他认为，这种恶习不仅严重危害了岛上许多居民的健康，也破坏了全岛的公共卫生和社会秩序。他的这些组合拳式的义举，自然遭到了岛内外奸商和当地黑恶势力的诬陷、报复，使得他个人和家庭常常处于危险境地。1907年，正在伍连德处于艰难困苦之际，清政府直隶总督袁世凯发信邀请伍连德出任天津陆军军医学堂的帮办（副校长）。在清政府的眼中，伍连德的父母是中国人，他本人自然也就是中国人，只是在南洋地区生活。而且，伍连德的舅舅林国祥、林国裕、林国禧都任职于清朝海军。

1908年5月至9月，伍连德途经香港、上海到达北京。他拜见了陆军部大臣铁良，接受任命。可他在学堂帮办任上只任职了两年时间，一项更大的历史使命降临到他的肩上。1910年，黑龙江省以哈尔滨为中心，暴发了死亡率极高的传染性疾病——鼠疫。但是，当时没有人知道病因，更不懂得如何防范和医治，城市街道上已出现大量死尸，当地政府束手无策，毫无作为。列国豪强尤其是经营着中东铁路（以哈尔滨为中心，西至满洲里，东至绥芬河，南至大连旅顺口的铁路线）的俄罗斯，强烈要求清政府开展防疫工作以保护他们的侨民。为了不出现外交事件、避免各国列强进一步插手干预中国内政，1910年底，在清政府外务部右丞施肇基推荐下，外务部正式委派伍连德医生赴哈尔滨开展疫情调查和防治。施肇基可以说是腐败昏庸的清末政坛中难得的清醒者和清流。他年轻时曾留学美国，回国后曾在哈尔滨担任官职处外交和海关事务，深知东三省外交事务的重要性。在伍连德后来开展的疫情防治工作和公共卫生事业中，他也一直是最强有力的后盾。在伍连德的自传扉页上就印有："作者谨以本书纪念并呈献给施肇基阁下。"

1910年12月24日，伍连德带着副手和仪器设备来到了哈尔滨。他先后深入疫区中心实地调查，解剖分析病因，确认了疫情为人传人的鼠疫杆菌传染，计划并实施周密的疫情防治工作。他建立了临时鼠疫医院和隔离区，设计有杀菌层的"伍式口罩"并广泛宣传要求居民配戴。他与俄罗斯、日本等管理铁路交通的官员进行沟通，管控人员进出东北地区，防止疫情扩散。他将重灾区人员按病情轻重缓急和密接程度分四个区域管理，关闭哈尔滨城区的学校和娱乐场所，推行病人死后尸体集体火葬深埋，全国征调医生护士参加抗疫……他的这些做法，在中国历史上都是首创，而且至今仍有借鉴价值。经过两个多月的奋战，中国人奇迹般地战胜了疫情。1911年3月1日，哈尔滨及周边疫区出现了零死亡报告。这一奇迹令全世界震惊，14世纪发生在欧洲的"黑死病"（鼠疫），曾夺取了数百万人的生命。世界各国急于了解学习中国的防疫经验。在各国政府和学术机构的请求下，清政府决定于 1911 年 4 月，在奉天（今沈阳）组织召开中国历史上第一次国际学术会议——万国鼠疫研究会议。伍连德又被紧急征调至奉天，筹备会议并作为中国代表、会议主席作报告。由于伍连德的巨大功绩，当时控制"北满""南满"铁路的俄罗斯和日本铁路管理公司，都给予伍连德终身免费乘坐列车的优待。4 月 3 日，大会正式召开，有美、英、法、德、意、日、俄、荷兰、奥匈帝国、墨西哥、中国 11 个国家的百余位医药学家出席。施肇基代表清政府外务部出席会议并发言。通过伍连德的学术报告，各国医学家了解到，鼠疫的源头是俄国等地的野生旱獭，人们在屠宰运输皮毛时感染并传播了病菌，最终造成共计死亡 46000 人的严重疫情。整个会议过程，共进行了 23 次专题会议，各国医学家分享了病理学、细菌学、流行病学、疫情对商业贸易的影响，以及鼠疫防治等方面的科研成果，并一同前往哈尔滨现场参观鼠疫防治医院、实验室、梵尸坑等处。4 月 28 日，与会代表共同签署会议报告，以促进今后在疫情防治上的国际合作。

会议结束后，掌握清政府行政大权的醇亲王在北京召见伍连德，并任命他担任政府卫生部门的主管，负责全国的卫生和医院事务。可伍连德认为东北地区疫情的研究和防治仍应继续进行，于是他婉拒了醇亲王又回到了哈尔滨。1912 年，中华民国政府成立，伍连德建立起中国近代史上第一所常设防疫机构——东三省防疫事务总处，亲自担任总办兼总医官。1915年，伍连德又组织成立了中华医学会，创办《中华医学杂志》，并亲自担任总编辑。他还在杂志上发表《警告吗啡之危险》《牙齿关系卫生之重要》等具有远见卓识和医疗卫生知识的普及性文章。在以后的20余年间，伍连德始终全力以赴，为中国医疗卫生事业的发展辛勤工作，其足迹几乎遍布全中国每一个省市。他参与了后来在中国山西、黑龙江等地的肺鼠疫和霍乱疫情防治，主持建设了北京中央医院（该院址现为北京大学人民医院），促成并参与了北京协和医院的创办，创建了东北陆军医院，创办了哈尔滨医学专门学校并出任校长（今哈尔滨医科大学）……1927年，他被国际联盟卫生组织聘为中国委员，并受委托考察欧洲12个国家的卫生机构。

1929年，已在国际和国内拥有极高声望的伍连德，又做出一项在中国近现代史上值得浓墨重彩地书写的大事。他向国民政府书面提出报告：收回进口商品检疫主权。在此之前，外国商船进入中国各个港口，都是由外国相关机构负责检疫、上船消毒等工作。这些机构的检疫工作完全是为了收取费用，实际的检疫工作以糊弄为主。这不仅侵犯了中国的主权，也给中国境内的公共卫生安全带来了极大隐患。经过与帝国列强的反复较量、以理以法力争，1930年7月1日，中国政府正式收回进口商品检疫主权，中国政府独立领导的全国海港检疫管理处正式在上海成立，伍连德任处长，负责上海、厦门等全国重要海港的检疫工作。可就在伍连德积极推进全国公共卫生事业快速发展之际，1931年，日本侵略者侵占东三省，同年11月，伍连德定期巡视安东（今辽宁省丹东市）时，还被日本宪兵囚禁关押。多亏了机智的伍连德将求救纸条递给了一名前来送水的中国工人，请他转送到英国领事馆。最终，日本宪兵迫于国际压力才释放了伍连德。1937年，伍连德在上海吴淞口创建的检疫机构和自己的住所也遭到日军轰炸，他被逼无奈返回故乡槟榔屿避难。1942年，马来西亚也被日军占领。伍连德在乡下出诊时还遭受土匪绑架，散尽家财。他思念中国而无法成行。直到抗战胜利后的1947年，已年至68岁高龄的伍连德才又一次回到他深深眷恋的祖国，走访每一所他创办的医院、研究所……1960年1月21日，伍连德病逝于马来西亚槟榔屿，享年81岁。英国《泰晤士报》评论："他是一位伟大的人道主义斗士，没有比他留给世人的一切更值得我们引以为豪的了……"

西山脚下的两处"洋人"别墅

"右拥太行左沧海,南襟河济北居庸。会通带内辽海外,云帆可转东吴粳。"这是清乾隆帝所作诗歌《帝都篇》中的四句,它道出了北京地理位置的优越性和地理环境特点。

太行山余脉横亘于京城西侧,层峦叠嶂、山高谷深,成为京城之屏障,被世人称之为西山。西山以门头沟斋堂镇髽鬏山为分水岭,以西大多为千米以上的崇山峻岭、苍莽浑雄,山顶覆盖着茂密的草甸,山中蕴藏着丰富的煤炭资源,山下永定河水蜿蜒相伴,被人们称为"大西山";以东靠近城区的均为千米以下低矮丘陵,被人称为"小西山"。小西山林木青翠、溪流潺潺、潭水星罗棋布,风景秀丽旖旎。春时山披霞锦、百花盛开,夏时浓荫蔽日、空气凉爽,秋时层林尽染、百果飘香,冬时银装素裹、天地一色,真可谓春华秋实四季宜人。自八百年前金代时起，皇亲国戚就在小西山兴建园林、别墅，佛、道两家广建寺庙道观，至明清时期蔚为大观。清代的"三山五园"（万寿山清漪园，后来扩建为颐和园；香山静宜园；玉泉山静明园，以及处于山下平原地带的圆明园和畅春园），更是中国传统园林艺术的集大成者，帝王们每年必至的"夏宫"。

近现代时期，随着经济的发展，达官贵人、商业巨子们更是纷纷选择在西山修建避暑别院。较为著名的有清末时醇亲王奕譞（民间称其为七王爷），在海淀区七王坟村修建的豪宅退潜山房；北洋政府要员周肇祥，在海淀区卧佛寺西北樱桃沟内建造的周家花园；北洋政府总理熊希龄在原清代皇家园林今北京香山公园内建造的双清别墅。民国时期，仅西山八大处地区，就曾有30余所名人富豪所建的别墅，留存至今的仍有袁氏别墅（民国早期实业巨子袁涤庵所建）和孙家花园（民国中期中孚银行董事长孙多珏所建）等。而在西山众多的花园别墅中，有两处极为特殊，值得一书。它们的主人都是西洋人，并在中外文化交流史、北京近现代史上留下了浓墨重彩的一笔。它们一座是位于门头沟区妙峰山镇樱桃沟村的庄士敦别墅，一座是位于海淀区苏家坨镇北安河村的贝家花园。

溥仪"洋人"帝师别墅——庄士敦别墅

1925年,燕京大学李景汉教授游览西山,据其记载,"经过抢风岭至樱桃沟,林木繁盛。有宣统老师庄士敦别墅,名'乐静山庄',门前宣统题字'乐静山斋'。拜访未遇,遂游览林园与庄士敦所筑的一座小庙。两边对联写的是'敬神如神在,虔诚圣有灵'。庙内陈列有不少英汉书籍，有十五岁童陈宏锋山水画数幅，其外案当中铜佛一座，两旁有一尺高之神位若干。"另据溥仪堂弟溥佳所著《清宫轶事》记载，这座小庙是庄士敦所建，名为"五柳先生祠"。因为庄士敦青年时期喜欢写诗，对中国古代诗人十分崇敬，因而依照中国人的传统习俗，建造了一座祠堂供奉陶渊明、李白、杜甫等诗人。庙内还同时供奉了古希腊诗人荷马、英国戏剧家莎士比亚等西方文学家的牌位，这种中外组合，应为全世界独一份。庄士敦每年来到西山小住时，每天都要去祠堂上香祭拜。而据2012年出版的《门头沟政区通览》记载："庄士敦别墅位于村南，为一独立院落，坐北朝南，五开间，虎皮石墙，硬山卷棚顶，前出抱厦。"

庄士敦全名为雷湛奈尔德·费拉明·庄士敦。据英国传记女作家史奥娜·艾尔利所著《回望庄士敦》等书籍记载，庄士敦于1874年出生于英国苏格兰郡首府爱丁堡市的一个中产阶级家庭，自幼学习刻苦、兴趣广泛，个人志向是到英国殖民地印度当一名文职官员。他先后在爱丁堡大学和牛津大学学习，主修英文和历史，成绩优异。1898年，他大学毕业后几经周折，谋得远赴香港做实习生的职位。经过在香港的几年历练，他于1904年被威海卫的行政长官骆克哈特看中，后被调任至英国租借的山东威海卫做副手。当时的威海卫与香港不可同日而语，城市建设还比较落后。他到达三个月后，受骆克哈特委派，特赴曲阜拜会了孔子后代"孔公爵",回途中又登临了泰山,观赏日出。这次经历,让他逐渐喜爱上中国这块土地和古老的中华文明。在威海卫工作期间,他还多次接待过李鸿章之子李经迈。李经迈与当时的民国总统徐世昌是好友,二人都十分推崇英国的君主立宪制。二人在清末时曾任政府高官,对旧朝廷仍心存感激。1918年,原"帝师"徐世昌出任民国大总统,需要找人替换自己的"帝师"职位。由于这些叠加的机缘,徐世昌提议给退位的溥仪皇帝找一位英国老师,使溥仪成为立宪制下合格的君王。在李经迈的穿针引线下,1918年2月22日,庄士敦应邀来到北京,拜见了徐世昌总统和溥仪的叔叔载涛王爷。经面试合格,北洋政府内务部特派员许宝蘅、清室内务府特派员李钟凯与庄士敦签订了聘任合同:庄士敦为溥仪教授英文、数学、历史、博物、地理等学科,每日上课2至3小时,聘期三年,月薪中国银币600元,津贴100元,并免费提供中式住宅一所(今西城区油漆作胡同1号)。这一年溥仪14岁,庄士敦45岁(仍为单身)。3月4日,在溥仪父亲载沣和溥仪的中国老师们的陪同下,庄士敦正式入紫禁城给溥仪上课。庄士敦能说一口流利的汉语,教学时既严肃认真,又不乏慈父般的关爱。在庄士敦的斡旋下,溥仪不仅佩戴上了近视镜,剪去了辫子,还有了英文名字——亨利。他还促成了溥仪与胡适相见,鼓励溥仪出国留学,了解西方的先进科学技术。1923年,溥仪

历史的礼物：北京名人故居

曾计划出逃紫禁城去欧美留学，被妻子婉容告发未成行。

在教学期间，庄士敦不断收到来自皇家的奖励和馈赠，这笔收入远远超过了他的薪水。他经常在杂志上发表一些关于中国佛教和风俗的文章，并对西方传教士们试图改变中国信仰的做法，提出了不同见解。庄士敦逐渐成为溥仪父子的良师益友。但是，仍活跃在紫禁城内数量众多的太监们，一直不喜欢这个洋人，庄士敦的到来对旧有的秩序和利益都是一种冲击和"侵犯"。按照北洋政府与原清政府签订的"关于清帝逊位后优待条件"的规定，"在清皇帝辞位之后，暂居宫禁，日后移居颐和园"。庄士敦依据法理，并从溥仪身心健康考虑，劝他搬迁

入颐和园。溥仪对此欣然接受,并不顾习惯了在皇宫内养尊处优的太监们的极力反对正式颁诏:"敬启者,本日总管内务府大臣面奉谕旨:著派庄士敦管理颐和园、静明园、玉泉山事务,钦此。"庄士敦在此后开展的颐和园修缮工程中,明察秋毫、廉洁奉公,并实行招标制度,节省了大量工程款,让太监和遗老遗少们无利可图。

庄士敦的所作所为,受到了大总统徐世昌的欣赏,徐世昌将自己名下妙峰山的别墅送给了他。从紫禁城坐骡车,半天时间可到达别墅。别墅依山傍水,抬头可见曾为金代八大水院之一的仰山栖隐寺,坐骡车一个多小时可达金顶妙峰山,参拜道教古刹"娘娘庙"。庄士敦非常喜欢这里,不仅在院内种上了许多名贵花木、安置了太湖石,还用西式家具将卧室、书房、会客厅进行了重新布置,雇用了村民打理房间、烧火做饭。他仿照中国文人给自己起了名号"志道先生",为别墅起了雅名"乐静山斋"。每年的春夏秋冬假期他都要来此小住,并经常邀请国内外友人来此做客。他还邀请恋人艾琳·帕娃(历史学家、作家)来此游玩,交流情感畅谈人生。从一些历史照片上可以看到,庄士敦为别墅房屋安装了取暖的炉子和铁皮烟囱,房檐下安装了电灯。庄士敦在给老上级兼好友骆克哈特的两封信中写道:"我将会很开心地退休,领着我的退休金,躲到西山,用我剩余的时光来写作,看着我种的树长大、我种的花开。

但是恐怕要有一段时间，中国才能恢复以往的平静和秩序。如果是这样，我只能返回英国。""这块地最吸引人的地方，是有一条永远不会干涸的小溪从中流过。我花了2500英镑买了这块地，这块地上没有任何建筑，不久我会让人在这里开始建房……"庄士敦应是购买了别墅周边的土地，建设了庙宇、种植花草。他的朋友们称这里为"樱桃幽谷"。

20世纪90年代初，笔者曾拜访过樱桃沟村的几位老人。据老人们讲，村里老一辈人对庄士敦印象都很好，他为人大方、和蔼，夏天时还与一些外国人在村边的小潭中游泳，雇村里的马车去附近的古迹参观。新中国成立后，房子归了生产队，村民住了进去，逐渐地全变了样。庄士敦居住时窗户上的大玻璃全是从国外运来的，连波纹都没有。后来村民住进后玻璃不断

地被打碎，都改糊窗户纸了。别墅前的溪水已断流，潭水已干涸。2009年，笔者又到过此院，此时这个院子已被公布为文物保护单位，村民全搬出了。房子空置了很多年，房顶全露了天了，从屋内可观望星月。不过，别墅旁边建起了多栋二层洋楼和高档农家院，山谷梯田种满了不同品种的樱桃，春夏之时这里便成为花的海洋、蜂蝶的乐园，秋季时火红的果实挂满枝头。

2019年，政府出资全面修缮庄士敦别墅，使之恢复了当年的风采。沿村中柏油路，直通庄士敦别墅，并为别墅修建了简易的围墙和宽阔的庭院，安置了简易的大铁门。别墅主体建筑是五间坐北朝南的硬山筒瓦卷棚顶房屋，其屋顶垂脊上镶有龙头和神兽，建筑规格较高。别墅的台基高于地面约半米，这既使得室内不潮湿，也保证了其在暴雨山洪来临之际不被水淹。别墅房屋西侧的山墙上开有一扇窗户，上檐为具有西式特点的拱券式，而窗户两侧的墙体又被装饰为具有当地特点的虎皮墙样式，具有山野之风，与古村内民宅建筑风格一致。在此主体建筑中间堂屋前，建有一座向南伸出的三开间宽大抱厦，抱厦如同一座与房屋相连的敞轩，厦顶用8根朱红木柱撑起（北侧的四根砌于房屋墙中），四周没有围墙，只有一圈坐凳。抱厦的石台阶设在东西两侧。主人开门出来可在抱厦中迎来送往，也可在抱厦中小憩，静观四周旖旎风光。在别墅五间主体建筑东侧，建有与之相连、如同耳房一般的六间高度稍矮、进深稍短的房间，用于储物和宾客临时居住，它们与主体建筑形成一排北房。这种布局的好处是没有南房遮挡，屋内之人可透过琉璃窗远眺山色，阳光也可以照进室内。另外，别墅庭院前端近乎是一处断崖，向下约十米处，以前是村中的小潭，有樱桃沟泉水注入。近几十年溪水断流，如今已建成了一处小型花园。2021年，门头沟区妙峰山镇政府，邀请永定河文化博物馆策划制作了展览，展示庄士敦的中国情缘。抱厦内也立起了一座等身的庄士敦青铜雕像，如同他当年在此送往迎来。想必对全社会开放的日子不远了。

1924年10月，溥仪被冯玉祥赶出紫禁城，不久后去了东北做起了傀儡皇帝。庄士敦拒绝为已被日本人控制的溥仪工作，开始四处游历考察中国的名胜古迹和少数民族地区。1927年，他又回到威海卫出任行政长官。1930年10月1日，他主持了将此地交回中国的仪式。临别时他饱含真情地讲道："我坚信你们会得到一位比我能力强的领导人，但你们绝不会再遇到像我那样对威海卫有如此浓厚感情的领导人。"在威海卫任职期间，他主持修建了公路、架设了电线和电话线等，临别时还将政府积攒的所有公物全都交与中国政府，由此还获得了中国政府赠送的一只银杯。他也被英国国王乔治五世册封为雷金纳德爵士。

庄士敦回国后，曾在伦敦大学研究、教授中文，并撰写《儒学与现代中国》《紫禁城的黄昏》等书籍。奇特而丰富的经历，让庄士敦对华夏文明有着深厚的感情。他收藏的中国书籍达17000余册。晚年时，他曾通宵达旦地给女友伊丽莎白·斯帕肖特讲述在中国的见闻。他对儒学的研究深度和推崇远远超过同时期一些中国学者。他写道："两千年前，孔子学说照亮了周围世界，今天，无论对东方还是西方世界，这些学说仍不失其鲜活和正确的价值。"

1934年，思想与生活习俗都难与英国本土世俗社会相融的庄士敦，买下了苏格兰西部的一座荒凉的小岛。他给自己在岛屿上所建的房屋分别取名为松竹厅、威海卫厅、皇帝厅，并将溥仪赏赐他的朝服、顶戴、古董设列在室内。1938年，他病逝于小岛，享年64岁。他的女友依照他的遗嘱，把他所写的日记和游记等全部销毁，把一些书信和书籍存入了苏格兰图书馆。正可谓：一世悲喜烦恼，何为后人谈笑。香港威海皇宫，尽职尽心操劳。足迹印在西山，情缘遗留孤岛。

"文明因交流而多彩，文明因互鉴而丰富。文明交流互鉴是推动人类文明进步和世界和平发展的重要动力。"世间的一切事，都是靠一个个具体的人来实现的，而世间不会有完全相同的人生轨道、完全相同的思想情感。参观庄士敦故居，会让观众更亲切地感受一个来自异国他乡之人的足迹，在惊叹敬佩之余，再重温习近平总书记上述的讲话，也许能更深刻地感悟其中的含义。

八路军医药物资运输中转站——"贝家花园"

庄士敦别墅位于京西妙峰山西侧，而在妙峰山东侧相隔一道沟谷，就是南北走向、横亘于北京海淀区平原地区与山区之间的第一道屏障——阳台山。从阳台山至妙峰山再至西部太行山深处，千百年来人们走出多条蜿蜒的"香道"、古道。阳台山因其优越的地理环境，吸引了许多的名流显贵在此修建夏日避暑的别墅，贝家花园就是其中之一。

贝家花园的主人贝熙业，原名让·热罗姆·奥古斯坦·西贝尔，1872 年出生于法国中部克勒兹省，青年时曾就读于海军医学院，博士毕业后曾随军在亚洲的伊朗、印度、越南等国行医。1914 年，42 岁的贝熙业偕妻子、女儿来到北京，出任法国使馆医官。因其医术高超，还被北洋政府总统府聘为医师，并兼任北京大学校医、北京第一所防疫医院"京师传染病医院"名誉顾问。他还担任位于东交民巷圣米厄尔教堂医院院长。圣米厄尔天主教堂（圣米厄尔为一天使之名）于 1901 年为法国人所建，绝大部分建筑保存至今。1915 年，贝熙业在位于北京古城市中心的甜水井胡同购置了一套四合院，开始了他在中国的 40 年生活。

贝熙业虽然只是个医生，可他"总统医师"的身份、"医者仁心"的情怀、真诚平和的待人之道，加之教书育人的热忱和热爱和平、坚持正义的信念，使得他在中国的岁月充满了传奇，做出了值得中国人民永远缅怀的壮举。

他曾出任从袁世凯至曹锟四位总统的医师，为孙中山、蔡元培、梅兰芳、齐白石、康同璧等名流诊疗治病。但是，作为医生他从不将贫苦求医者拒之门外，无论在法国医院还是在他家，以及他在西山的别墅，他都经常免费为贫苦百姓义诊。

1932 年至 1936 年，他还出任上海震旦大学医学院院长，培养了许多的济世名医。他的家中，经常是高朋满座。对中华文化痴迷、校对审改法文版《红楼梦》的法国汉学家铎尔孟，是他的终生好友；获得诺贝尔文学奖的法国文学家圣－琼·佩斯，曾与他一起去中国的蒙古地区游历，并在阳台山麓距离贝家花园不远的寺庙中，写出了享誉世界文坛的鸿篇巨作《远征》（又名《安纳巴斯》）。

1923 年，贝熙业的妻子染病去世，两个女儿也染上肺炎。为了给她们找一个空气清新、环境清静幽雅的地方养病，他在今海淀区苏家坨镇的阳台山东麓购买了一片山坡，修建了别墅。这里林木茂盛，泉水甘甜，溪潭清澈。贝熙业在这里仍坚持行医治病，并因此还收获了爱情。抗战期间，他还无数次冒着生命危险，为太行山中的八路军运送医药物资。

贝熙业别墅又叫贝家花园。整个花园依山而建，利用山脚天然形成的三层台地，建造了三组紧凑的建筑，以蜿蜒的山路相连。花园入口处，矗立着一座三层石制碉楼。在北京西山尤其是香山地区有多座形制相似的碉楼。清代乾隆时，川北的大小金川发生了藏族苗族各部落间的战争，乾隆欲派八旗兵平定。可川北的藏式碉楼易守难攻，清政府曾下令在香山八旗兵驻地和山间仿建藏式碉楼训练八旗兵。可能贝熙业先生在建造别墅前曾游览过香山一带，而触发了设计灵感。碉楼平面呈正方形，

底边长 5 米，高 12 米，用当地的青石和花岗岩砌筑。当年，这座碉楼一层被开辟为诊室，二层为诊疗室、三层为药房兼休息室。由于他医术高明又常常为穷苦人义诊，四里八乡的乡亲们都十分爱戴敬重他。中法大学创办人、校长李煜瀛与夫人姚同宜，于 1936 年特意赠送一块石匾额镶嵌于门楣之上。匾额上镌刻行书"济世名医"四个大字，其左侧还有一段边款："贝熙业先生医学精深，名满中外，乐待吾人为之介绍；先生更热心社会，此或非人所尽知，但温泉一带，则多能道出。《温泉颂》有云'济世之医，救民之命'，遂为断章取义，适奉贝先生。

民国二十五年春日刻于温泉。姚同宜 李煜瀛题赠"。在他居住期间，花园及周边地区，从未发生过任何治安事件。

　　顺着碉楼南侧平缓的山间小路向西南走 100 多米，可到花园最高处被称为"南台"的山间台地。台地用虎皮墙圈成南北狭长的长方形庭院，院中种有绿树，砌有花坛。在庭院西侧有一栋被称为"南大房"的中式建筑，其坐西朝东，五开间硬山清水脊筒瓦屋面，柱顶的梁枋上有美丽的苏式彩画，墙面为当

地民居风格的虎皮墙。"南大房"的建筑形式类似于江南民间的"三明两暗",中央三间前面带有半间檐廊,宾主可在此小憩话别,也可俯瞰东侧山下平原。客厅正面仅砌筑有低矮的坎墙,坎墙上面至屋檐下全是通透的玻璃窗。客厅两侧的房屋没有檐廊,墙面以砖墙封闭仅设一方窗,为贝熙业大夫两个女儿的住处。在中国传统建筑中,这两间房被称作"梢间"。在这一建筑后边还有一组三开间带梢间的房屋,紧依房屋后墙伸出四根高度超过屋顶的砖砌方形烟囱,可以烧柴取暖。其最南一间曾为贝家花园的厨房,至今仍保存了灶台。它旁边可能是佣人的住房和洗衣间。

从南大房西北侧,沿蜿蜒的山间小路折向西北步行百余米,就到了贝家花园的核心区域——"北台",这里是贝熙业大夫起居生活的地方,这里也有道路直通下面的碉楼。北台的主体建筑为一座4开间的中式二层小楼,名为"北大房"。小楼筒瓦覆顶,两侧垂脊镶饰多只吻兽,南侧山墙为硬山式,山墙直接砌筑到房顶屋脊,一层前廊可通向侧面的山路。北侧山墙为歇山式,屋檐向北侧悬挑出去,遮盖住与前廊相通的山墙外的一二层走廊和楼梯。左右的不对称形式,加上梁枋间绚丽的苏式彩画和木雕栏杆、倒挂楣子,使小楼严谨中不失浪漫,更加富有情趣和生活气息。站在二层前廊凭栏东望,山林田畴尽收眼底,春华秋实夏荫冬雪,一年四季风景旖旎。小楼的大门开在正中，楼梯设在室外南侧山墙外面，与二层的前廊相通。楼前的庭院布局优雅，有藤架和圆形的水池，池中央有一石柱托起的石盆，有泉水从盆中四下淌出，典型的欧式风范。小楼内也全是欧式装修，客厅依墙建有壁炉，卫生间装有浴盆，地面墙壁拼贴花式瓷砖。贝家花园建成后第二十年，贝熙业在此收获了他的异国情缘。

1924年，中法实业银行总经理吴名远夫妇有了第四个孩子吴似丹。可这个宝贝女儿天生就有肺病，经常咳嗽、身体虚弱。吴似丹长大后于1939年进入辅仁大学美术系学习绘画，常去西山郊外写生。受父亲的熏陶和影响，她对法语和法国文化有较深入的了解。借助父亲的关系，她自小就被安排接受贝熙业大夫的诊疗，绘画写生时也曾暂住贝家花园。看到贝大夫为病人诊疗时常常一个人忙得团团转，她就自学了医疗护理，充当起贝大夫的助手。随着时间的推移，情窦初开的吴似丹逐渐爱上了这位富于仁爱之心的老医生。1947年，她冲破世俗偏见，勇敢地与70多岁的贝熙业走到了一起。新中国成立后，按照新颁布的《婚姻法》，二人还到民政部门正式办理了结婚登记。最疼爱她而又见多识广的奶奶，还按照中国传统习俗亲手缝制了一套被褥赠送给他们，以示祝福。

然而，人生的厄运有时却毫无缘由地不期而至。1954年，越南民主共和国正在开展驱赶法国殖民者的民族解放战争。越南共产党发现中国境内的法国人与越南境内的殖民者有一定的联系，希望中国政府驱逐境内的法国间谍。中国政府决定让境内的所有法国人限期离境，贝熙业也不例外。然而，吴似丹是中国人，不能随其离开。眼看夫妻二人就要天各一方，贝熙业急忙给党中央写信说明自己的特殊情况。贝熙业对中国革命有过特殊贡献。在抗日战争时期，中国共产党领导下的抗日根据地时常缺乏药品。1939年2月，北平的地下党组织的代表黄浩"黄长老"（公开身份是新街口基督教长老）来到城内贝熙业的住所，请求他利用特殊身份为抗日根据地购买运送药品，具有正义感和国际主义精神的贝熙业当即允诺下来。年过古稀的他，先是骑自行车每周一次、骑行四十多公里，将药品从城内家中运到西山的贝家花园，再由地下党组织派人取走，送至太行山深处的白求恩医院。每次他都要绕很远的路程，以躲过日本鬼子设置在温泉一带的众多岗哨关卡。后来，他又购买了一辆汽车，以便更快更多地运送药品、医疗器械，这一送就是六年时间！1945年，贝熙业大夫因国籍为同盟国法国，被日本人关进了山海关国际战俘营，这条特殊的"驼峰航线"被迫中断。

英国人林迈可，是"以外国非共产党员的身份参加共产党领导的抗日工作的很少几个人之一"。抗日战争初期，在燕京大学教书的林迈可，就勇敢地支持青年学生参加抗日活动，1941年，日本宪兵计划逮捕林迈可，以绝后患。林迈可与夫人辗转逃亡来到晋察冀游击区，参加了八路军队伍，以自己的无线电技能为八路军的报务工作做出了巨大贡献，培养了一批人才。1944年5月，林迈可还到达了延安，与毛泽东、周恩来等领导人经常交谈，分析国际形势。而林迈可当年出逃时，停留的第一站也是贝家花园！贝熙业还为当年潜伏于北平的我党地下党组织运送过发报机。鉴于贝熙业对中国革命做出了突出贡献，新中国成立后，周恩来总理曾在一次大型宴会中亲自接见他，促膝畅谈。贝熙业给中央首长的书信最终得到了回应，在他登上开往法国的轮船的最后一刻，经周恩来总理特批，在解放军战士的护送下，吴似丹登上舷梯来到了他的身边。

贝熙业原本与好友铎尔孟已在西山购买了墓地，计划在最喜爱的北京度过余生。人到暮年回到已陌生的"祖国"，二人都感到十分茫然。贝熙业与妻子一起直接回到了故乡，由于没有法国的行医执照，他们开始了自食其力的半农耕生活。不过，他们的爱情之花结出了果实，1955年，吴似丹生下一个男孩。

2014年3月，习近平总书记访问法国的时候，在两次演讲中都提到了一个人——贝熙业："我们不会忘记，无数法国友人为中国各项事业发展做出了重要贡献。他们中有冒着生命危险开辟一条自行车'驼峰航线'，把宝贵的药品运往中国抗日根据地的法国医生贝熙业。""抗日战争时期，贝熙业医生发扬救死扶伤的医者仁心，不仅经常给当地农民免费诊疗，还在抗日战争中给八路军提供帮助。"习近平总书记还与贝熙业的儿子让－路易·贝熙业亲切握手,并说:"你父亲的事迹我们都知道。"这既是中国人民对于贝熙业先生的最高肯定,也是告知世界:对于贝熙业先生,中国人民从未忘记。

后记

　　名人故居，是一个国家、一座城市的"文化名片"；是鼓励本地区青少年追求科学进步、树立正确人生观和家国情怀的重要场所。目前，国内许多县市对社会开放的名人故居，都成为当地重要旅游景点。其中既有像韶山的毛泽东同志故居、淮安的周恩来故居、广安的邓小平故居等"红色伟人故居"，也有像荆州的张居正故居、天津的梁启超旧居、绍兴的鲁迅故居、杭州的钱学森故居、宁波的童第周故居等历史名人、近现代科学文化名人的故居。许多旅游者，奔赴一个国家、一座城市，其中的一个重要原因，就是为参观那里的名人故居。我国历史悠久，名人名家之多难以尽数。近现代社会的重大变革、革命运动，更使得华夏大地英雄才俊辈出，各领域的大师巨擘层出不穷。他们的故居，成为人们缅怀、传承、弘扬他们事迹和精神的最佳场所。

　　我国目前的名人故居保护，有以下几种方式。第一是依据全国人民代表大会颁布的《中华人民共和国文物保护法》，由各级文物行政管理部门公布为不可移动文物，并按照其文物价值（历史价值、科学价值、艺术价值）的高低，公布为全国重点文物保护单位、省市级文物保护单位、区县级文物保护单位、不可移动文物。这种行政行为的优势是，名人故居在对社会公布之后，建筑本体受到法律保护，各级政府会采取设置标志、建立档案、建立保护管理机构、抢险修缮等保护措施，在进行拆除和改建等项目时也需要相应级别的人民政府同意。第二是依据国务院颁布的《历史文化名城名镇名村保护条例》，由各级政府公布为历史建筑。该条例说明："历史建筑，是指经城市、县人民政府确定公布的具有一定保护价值，能够反映历史风貌和地方特色，未公布为文物保护单位，也未登记为不可移动文物的建筑物、构筑物。"历史建筑大多为近现代及当代建筑，历史价值、科学价值、艺术价值相对于不可移动文物稍低一些。历史建筑在对社会公布之后，也要采取设置标识牌、制作档案、抢险修缮等工作，未经政府相关行政部门批准，也不得拆除、迁移。目前，一些省市公布的历史建筑名单中，包含了许多名人故居。以北京为例，在北京市公布的三批历史建筑中，包括了钱三强旧居、胡适故居等 20 处名人故居。第三是公布为"科学家精神教育基地"。2022 年，中国科协、中国科学院、中国工程院和教育部等国家行政部门，发出了《关于开展"科学家精神教育基地"建设与服务管理工作的通知》这一规范性文件，鼓励各地区、相关机构申报"科学家精神教育基地"，中国科协受中央政府委托对评选并公布为"科学家精神教育基地"的场所进行授牌，向社会公布、宣传和资助经费。国内一些城市，已将本市的多处科学家故居公布为"科学家精神教育基地"。

上述的法规、文件及各级政府、相关机构所开展的工作，对名人故居的保护利用起到了巨大的推动作用。然而，由于多种原因，我国的许多名人故居，在保护利用方面还有许多难题需要解决。

首先，是名人的认定，何人可以被认定为"名人"，目前没有法规或具有一定法律效力的规范性文件来确定。其次，多大名气的名人，其"故居"可以被认定公布为不可移动文物、历史建筑，这一点同样没有法规或具有一定法律效力的规范性文件来确定，全国更没有统一的标准，而各省市也较少有相关的规范和标准。而且，许多省市认定公布名人故居为不可移动文物或历史建筑时，主要考量的是建筑的保存状况。一些名人故居的原主人（"名人"）虽然对社会的贡献并非巨大，但是建筑本身保存较好，便被公布为历史建筑、不可移动文物，乃至各级文物保护单位。而一些曾经对国家民族有过突出贡献、在科学技术和文化艺术上取得巨大成就的名人，由于其故居建筑保存状况相对较差，而未能得到应有的认可。例如，北京市东城区柴棒胡同55号院被公布为历史建筑"完颜氏王衡光旧居"，在院门口还挂有标识牌。王衡光（完颜衡光）在清代时曾任正黄旗满洲副都统，民国时期任故宫博物院专门委员。此座院落之所以被公布为历史建筑，主要原因是院落建筑保存较好，而不是因为王衡光的知名度，或是他对国家和民族的贡献。

发挥名人故居在弘扬爱国主义精神、科学精神、革命传统方面的作用，加强名人故居的保护利用，是一项系统工程。它需要各级政府相关行政部门相互配合形成合力，也需要政府行政部门与研究机构、大专院校加强合作，一步一步推进。首先，是加强立法工作，确定已故"名人"的认定标准，"名人故居"的认定标准，政府在保护利用工作中的职责，对于名人故居的使用管理者、保护利用的参与者，在开展保护利用工作时政府应给予的政策和经费上的支持和鼓励，使政府部门和社会各界在开展认定、保护、利用，以及宣传和旅游开发时有法可依。其次，是要开展深入细致的研究工作、调查工作，厘清本地区名人和名人故居的资源状况，为今后的保护工作奠定基础。最后，是综合考量各种价值后进行公布和保护利用等工作，其中应充分考虑到名人故居特殊的文化价值。

目前，名人故居的保护利用的最大难题是故居内居民住户的搬迁腾退工作难度大、经费严重不足。许多省市的名人故居都沦为多户居住的民居，故居内都居住着多户乃至几十户居民，只有让居民搬出故居才能开展较彻底的修缮、对社会开放。名人故居本身产权归属包括了公有、私有、集体所有等多种情况。而且，使用管理单位的级别从中央各部委到村庄社区、个人全部涵盖，产权单位的种类也是包括了企事业单位、村集体、私人等多种类型。名人故居内居民住房性质也包括了自有、公租、转租等多种情况，故居内还留存有大量因历史原因而无产权登记的自建屋。目前，国内一些可用于文物保护的公益基金，也大都投入到相对较易操作的无居民居住的文物古迹的修缮中。全国各级文物行政部门的文物保护修缮经费也都只能专款专用，不能用于居民搬迁，名人故居的保护利用工作可谓任重道远。苏州、宁波等城市曾出台过政府对企业参与名人故居保护利用的奖励和补偿政策，起到了一定效果。北京市西城区结合老城区的保护更新工作，也腾退了多座名人故居中的居民，并制订了将名人故居开辟为社区文化中心的保护利用方案。完成腾退工作对社会开放的名人故居，如京报馆、沈家本故居等，在运营方式上引入了文化公司、物业管理公司负责日常的运维工作，政府给予一定的经费补助。名人故居保护利用，需要各级政府更加重视，将名人故居与同级别的其他不可移动文物、历史建筑区别开来，包括寺院、古民居等，深入发掘名人故居的文化价值、"红色价值"，进一步加大工作力度。

北京名人故居一览表

公布为全国重点文物保护单位的名人故居（旧居）名单

序号	名称	地址	建筑年代	备注
1	北京宋庆龄故居	西城区后海北沿46号	当代	原为醇亲王王府花园，1961年，周恩来总理指示在花园修建一座钢混结构的仿古式二层小楼，1963年，宋庆龄乔迁于此，一直工作、生活到1981年5月29日逝世，1982年，对社会开放。
2	郭沫若故居	西城区前海西街18号	民国	大型传统院落。主体建筑原为同仁堂乐家所建。
3	北京鲁迅旧居	西城区阜成门内宫门口二条19号	民国	小型四合院，鲁迅1924年购买、修缮后，于1924年5月至1926年8月在此居住。他离京后，其母和原配夫人仍居住于此，新中国成立后由家人捐给国家。
4	李大钊旧居	西城区文华胡同24号	民国	1920年春至1924年1月，李大钊在此居住。旧居为民国时期三合院建筑，分为南北两个院落，李大钊一家在北院居住。北房是全家人的卧室和餐厅，西厢房是书房，东厢房是临时客房。

续表

序号	名称	地址	建筑年代	备注
5	梅兰芳旧居	西城区护国寺街9号	清代	原为庆王府马厩，民国时期归禁烟总局。1951年，由国家修缮后拨给梅兰芳居住。旧居坐北朝南，是一座典型的小型北京四合院。大门开于院落东南隅，门内有一字影壁一座。一进院北侧有二道门一座，二道门两侧接有看面墙，院内西侧有门可通西跨院。二进院迎门有木影壁一座，正房三间，正房两侧有平顶廊与东西厢房相连，平顶廊东、西两侧院墙各开有月亮门一座。正房后有后罩房七间。西跨院内西房两座连为一体，共六间。

公布为北京市文物保护单位的名人故居（旧居）名单

序号	名称	地址	建筑年代	备注
1	老舍故居	东城区丰富胡同19号	民国	小型一进四合院，为现代文学家老舍（舒庆春）1949年归国时购得，成为其全家人的住所。1998年，由子女捐献给国家。
2	茅盾故居	东城区后圆恩寺胡同13号	民国	小型一进四合院，曾为现代文学家茅盾（沈雁冰）的住宅。1974年起，由国家分配给茅盾一家居住。

续表

序号	名称	地址	建筑年代	备注
3	京报馆	魏染胡同30号、32号	民国	一座二层砖木结构楼房及楼东侧相连的一座中型四合院。楼房为民国初年新闻界著名人士邵飘萍主办的京报馆旧址，四合院为其与家人的住所。
4	于谦祠	东城区裱褙胡同23号	清代	明万历二十三年（1595年）敕建，于谦生前在京故居，被敕封为"忠节祠"。现存主要建筑为晚清时重建。文物建筑包括一座二层传统中式砖木结构楼房和多间传统平房。楼房前后和西侧有庭院。
5	陈独秀旧居	东城区北池子大街箭杆胡同20号	民国	小型传统院落。该院坐北朝南，如意大门，正房三间，南房三间，硬山合瓦过垄脊，东西两侧无厢房。1917年至1919年，陈独秀在此租住。
6	纪晓岚故居	西城区珠市口西大街241号	清代	一进四合院，正房被纪晓岚取名为"阅微草堂"。故居坐北朝南，院内南北两侧建有房屋，东侧为院墙，西侧为长廊。故居临街建筑南立面在民国初年修缮时，被改为中西合璧形式。屋顶为镂空女儿墙，门窗为拱券形式，装饰有精美的砖雕。"阅微草堂"为院中正房，共五间，前接勾连搭抱厦三间，硬山合瓦屋面。故居内有北京最古老的紫藤萝和海棠树，传为纪晓岚亲植。
7	蔡元培故居	东城区东堂子胡同75号	民国	蔡元培1917年至1920年任北京大学校长期间租赁的住所，占地约566平方米。宅院坐北朝南，前院倒座房五间，东南一间为门道，内院正房三间，左右耳房各一间，厢房各三间。1919年5月3日，蔡元培在此宅主导策划了"五四运动"。

续表

序号	名称	地址	建筑年代	备注
8	贝家花园	海淀区苏家坨镇北安河村	民国	民国时期法国医生贝熙业建造的花园别墅。抗战期间,他以此为中转站,为太行山区的八路军运送药品。整体风格为中西结合式,建筑由三部分组成,包括北大房、南大房、碉楼等建筑;其北山腰平台山环中,建有五间两层卷棚歇山顶楼阁一座,楼前有水池、藤萝架、喷泉等。园门外为一座三层西式石城堡。贝家花园是北京少见保存较好的中西合璧的私家花园。
9	杨椒山祠(松筠庵)	广安门内街道达智桥胡同12号及旁门	清代	明嘉靖朝冒死弹劾严嵩的杨椒山(继盛)住宅。清乾隆五十二年(1787年)改为杨椒山祠。祠内"谏草亭"内镶有其两次批评时政草稿刻石。现已完成居民搬迁,院落已腾空。
10	朱彝尊故居(顺德会馆)	西城区海柏胡同16号	清代	大型会馆院落。清代学者朱彝尊在京城时居住此院内,《日下旧闻》一书即编著于院内的"古藤书屋"。院内有古亭和传统中式房屋数十间。2024年,完成居民腾退和周边环境整治工作,开展修缮工作。
11	康有为故居	西城区米市胡同43号	清代	四进院大型会馆建筑,清代时为南海会馆。因当年院中有7棵树,所以又叫"七树堂"。院中西房三间曾是康有为的卧室,北房四间是康有为的书房,其中有一间类似画舫,康有为称它为"汗漫舫"。康有为在"汗漫舫"里写过许多诗文,编纂过书籍,并与政治盟友多次在此策划戊戌变法方案。院内有传统中式房屋数十间,住户数十家。

续表

序号	名称	地址	建筑年代	备注
12	程砚秋故居	西城区西四北三条39号	民国	小型四合院。曾为京剧艺术家程砚秋的住所,现为私人住房。
13	齐白石故居	西城区跨车胡同13号	民国	小型四合院。为齐白石生前购买的住所。至今产权属齐氏后人,长期空置。
14	毛主席故居	西城区吉安所左巷8号	民国	小型四合院。毛泽东1918年第一次来京时与许多青年人一起租住的地方。居住期间,他组织了湖南留法勤工俭学,并开始研读马列主义,拜见了李大钊。现为多户居住的民居。
15	张自忠旧居	西城区府右街丙27号	民国	张自忠,民国时期抗日爱国将领。旧居为张自忠于1935年至1937年的住宅,原有东、中、西三组院落,现中、西两院保持原貌,占地约4600平方米;院中有多棵树龄逾百年的老槐树,院落大门开在西院西侧,西院南侧建筑砖雕精美。旧居现为府右街小学的校舍,院中建有张自忠纪念碑、半身雕像、生平事迹浮雕,西院三间正房布置了张自忠生平事迹图片展,对本校师生开放。
16	旧宅院(婉容旧居)	东城区帽儿胡同35号、37号	清代	清宣统帝爱新觉罗·溥仪的皇后郭布罗·婉容婚前住宅,现为居民院落。旧宅院坐北朝南,东、西两路院落,西路四进院落,东路三进院落(花园部分)。原大门开于院落东南隅,大门三间一启门形式,大门明间开门道现已封闭,改建为住房。大门东侧门房一间,西侧倒座房八间,西侧倒座房处开两门,一为帽儿胡同35号,一为帽儿胡同37号。

245

公布为区级文物保护单位的名人故居（旧居）名单

一、东城区文物保护单位

序号	名称	地址	建筑年代	备注
1	杨昌济旧居	豆腐池胡同15号	民国	杨昌济，北洋时期北京大学教授，伦理学家、教育家。旧居为一座不太规则的两进院落，坐北朝南，一进院有倒座房三间、北房三间、东厢房三间，北房三间为杨昌济先生自己居住，东厢房三间为女儿杨开慧所住。毛泽东第一次来京时，曾借住于院内南房。现为多户居住的民居。
2	朱启钤宅	赵堂子胡同3号	清	朱启钤，中国近现代政治家、实业家、建筑史学家。他于20世纪30年代购置此宅院土地，亲自设计督造。宅院占地约3000平方米，布局独具特色，它以一条贯穿南北的走廊为中轴线，将整个宅院分成东西两部分，并将两部分的八个院落有机地组合为一个大型宅院。抗战时期，被日本人强占，抗战胜利后发还朱家。新中国成立后，朱启钤将此宅献给国家。现为多户居住的民居。

续表

序号	名称	地址	建筑年代	备注
3	段祺瑞宅	仓南胡同5号	民国	段祺瑞，北洋政府时期曾四任总理，四任陆军总长，一任参谋总长，一任国家元首。此宅原为清代康熙皇帝第二十二子允祜府。北洋政府时期，该府被段祺瑞所得。宅院占地22642平方米，段祺瑞购买后对其进行改建，中轴线上保存有大殿等建筑。
4	梁启超故居	北沟沿胡同23号	民国	梁启超，近代思想家、政治家、教育家、史学家。故居为坐西朝东的三进四合院，院内有影壁、垂花门及正房、花厅等建筑。院内各屋均由走廊相连，西部是花园，有土山、花厅和山石等。现为多户居住的民居。
5	田汉故居	细管胡同9号	民国	田汉，现当代文学家，中华人民共和国国歌歌词作者。1953年，政府购买此院安排田汉一家人居住。该院为一坐北朝南两进四合院，田汉一家人住在里院，秘书等工作人员住外院。现为多户居住的民居。
6	欧阳予倩故居	张自忠路5号	民国	欧阳予倩，现当代戏剧家、教育家、导演。1949年，欧阳予倩一家迁住于此。此院内建筑风格为中西合璧，大门一间为近代式砖拱门楼，东西两侧有南房各四间，院中部有一幢砖石结构正方形西式建筑，南部和西部有多间中国传统房屋。欧阳予倩曾居于此院西北部的小院中，有北房三间，东耳房一间，西耳房两间。现为多户居住的民居。

二、西城区文物保护单位

序号	名称	地址	建筑年代	备注
1	小石桥胡同24号宅园（盛园）	小石桥胡同24号、后马厂胡同17号	清代	盛宣怀，清末洋务派代表人物，被称为"中国实业之父"，此宅院为其北京的一所大型宅院。院落规模较大，有假山、花园、长廊和数十间房屋。现为宾馆。
2	陈垣故居	兴华胡同13号	民国	陈垣，历史学家、教育家，曾任辅仁大学校长、京师图书馆馆长、故宫博物院图书馆馆长等。新中国成立后，陈垣任北京师范大学校长期间在此居住32年。故居位于胡同北侧，两进传统四合院，如意门楼坐北朝南，门内有砖砌影壁。前院东西厢房三间，北房五间。正房为陈垣工作室，室内原有一匾额，上书"励耕书屋"四字，为陈垣的良师益友、辅仁大学和《大公报》的创办者英敛之所书，现为多户居民住宅。
3	荀慧生故居	山西街甲13号	民国	荀慧生，京剧名家，1907年，荀慧生7岁时被父亲卖入戏班，青年时唱红出师独立组班，名列"四大名旦"之一，新中国成立后创办荀慧生京剧团。故居为其晚年购买的居所，如今仍有其后代在此居住。院落为传统四合院，如意院门坐西朝东。院内正房五间，倒座房七间，东西厢房各三间，过垄脊合瓦屋面。

续表

序号	名称	地址	建筑年代	备注
4	林白水故居	骡马市大街9号	民国	林白水，民国早期北京市民喜爱的《社会日报》创始人和主笔，因办报揭露反动军阀被杀害。故居为两进四合院，原位于北京市宣武区（今西城区）棉花头条，后因此地建设中国网通办公大楼被拆。大楼建成后，又在楼旁选地重建。故居建筑虽保持原样式，可神韵和意味已失。
5	萧长华故居	西草厂街88号	民国	萧长华，清末民国早期著名京剧演员。故居坐北朝南，由东西两路院落组成。西院为外院，有南房四间、东西厢房各两间、北房三间。东院只有南北房各三间。现为民居。
6	谭鑫培故居	大外廊营1号及旁门	民国	谭鑫培，清末民国初年京剧名家，并有多名后代继承其衣钵。故居包括一座传统两进四合院和一座二层灰砖小楼。20世纪60年代，其后代搬离，此处变为民居大杂院。2023年，政府开始居民腾退工作。
7	王瑶卿故居	培英胡同20号	民国	王瑶卿，京剧艺术家、教育家，新中国第一任戏曲学校校长。故居建筑包括南北两院，因王瑶卿好收藏古董，擅长书画，故居曾经常高朋满座、名流云集。

续表

序号	名称	地址	建筑年代	备注
8	晋江会馆(林海音故居)	南柳巷40号、42号	清	林海音，现代著名女作家，以她在宣南地区童年生活为背景的《城南旧事》一书，影响深远。故居为一进四合院。现故居简易的"鸦不落"随墙门上镶有中英文双语标识牌："宣武区文物保护单位"。位于南柳巷40、42号，为福建晋江会馆旧址，建于清代，林海音于20世纪30年代随其母在院内北房居住。2024年，故居完成居民腾退和修缮工作，计划开办为文化场所对社会开放。
9	余叔岩故居	原宣武区椿树上头条29号(已拆除，异地迁移待重建)	清	余叔岩，清末民国初年著名京剧演员，名徒众多，曾与张伯驹合著介绍京剧音韵的《近代剧韵》。原故居建筑为传统两路四合院，比较规整。
10	尚小云故居	原宣武区椿树下二条1号(已拆除，异地迁移待重建)	民国	尚小云，著名京剧艺术家，民国时为京剧"四大名旦"之一，新中国成立后成立尚小云京剧团，1964年，任陕西省京剧院首任院长。故居为四合院格局，分东院和西院两部分，各自有门。东院为三进院，西院为两进院。院中有倒座房、正房、东西厢房。

三、海淀区文物保护单位

序号	名称	地址	建筑年代	备注
1	范长喜宅院	苏家坨镇北安河村第四十七中学内	清	范长喜，溥仪之父醇亲王奕譞的管家，在主管修建七王（奕譞）坟时，借机在阳台山下为自己修建了宅院。因院内外广植丁香花，又被称为"丁香院"。民国时期，教育家李石曾多方筹资购得此院，并在此开办北平中法大学附属温泉中学。他还在当地温泉村内开辟中法大学农林试验场和中小学。
2	吴家花园	青龙桥街道挂甲屯村	民国	吴鼎昌（字达诠），民国时期任《大公报》社长，中国、交通两银行首脑。吴家花园为吴鼎昌在袁世凯当政时购买，门楣挂有"吴达诠别墅"木牌。曾有许多著名人士在此活动。花园占地约5亩（3333.33平方米），中心部分为一传统四合院，院外有假山亭阁、小桥流水。1959年至1965年期间，彭德怀元帅居住在这里。
3	六郎庄田世光故居	海淀镇六郎庄村小狮子胡同18号	民国	田世光，中国现当代著名工笔重彩国画大师，出生并居住于此院中。六郎庄原为古村，历史建筑较多，又缘于临近皇家园林，曾有许多达官显贵所建的宅院。21世纪初村庄整体拆迁，仅存田世光故居这一宅院。其为清代建筑，一进四合院，现产权单位为万柳集团，未开放。许多著名美术家包括陶一清、叶浅予、常沙娜等曾拜访过此院。

四、门头沟区文物保护单位

名称	地址	建筑年代	备注
刘鸿瑞宅院	永定镇石门营村前街	民国	刘鸿瑞，民国时期门头沟煤矿业同业公会理事长。他开明谦和、乐善好施，曾出资兴办学校，1948年，参加过北平和平解放谈判。宅院占地约10亩（6666.67平方米），是集民俗文化及砖雕、石雕、木雕、壁画等为一体的一座艺术殿堂。"刘氏宅院"是刘鸿瑞的祖辈所建，共三座，呈"品"字形坐落在石门营的前街，均为四合院。

公布为不可移动文物的名人故居（未定级）名单

一、西城区

序号	名称	地址	建筑年代	备注
1	李万春故居	北大吉巷22号	民国	李万春，京剧名家、戏剧教育家，早年曾向贝勒载涛学过3年《闹天宫》，被称作"北猴王"。故居为李万春之父著名京剧武净演员李永利购得。故居为传统四合院，原院内建筑有精美的砖雕和彩画。李万春还曾在此院斜对面两个院中开设的戏班教徒。20世纪60年代变为大杂院。2014年，北大吉巷拆除。
2	龚自珍故居	上斜街50号	清代	龚自珍，清代思想家、文学家，主张政治改革，有著名的《己亥杂诗》315首传世。他在此院居住5年，后出售给广东番禺人、洋务巨商潘仕成。潘氏将此院赠出用作广东番禺会馆。此宅院曾经规模较大，院中有花园、戏台、假山、亭子等，1976年，唐山大地震后大多拆除，现仅剩西厢房和两幢北房，为多户居住的民居。
3	施愚山故居	铁门胡同11号	清代	施愚山，本名施闰章，号愚山，安徽宣城人，清初诗人、官员。故居为一小型四合院，清代时为宣城会馆。现为多户居住的民居。

续表

序号	名称	地址	建筑年代	备注
4	梅兰芳祖居	铁树斜街101号、樱桃斜街62号	清代	梅兰芳祖父梅巧玲(清代京剧名家,"同光十三绝"之一)私宅,梅兰芳出生于此。院落为两进四合院,已列为西城区文物活化利用项目,计划建设梅兰芳美学艺术展示中心。
5	王士祯故居	西太平巷5号	清	王士祯,清初文学家、官员。故居为传统四合院,王士祯去世后,此院又为《四库全书》副编纂程晋芳宅。现为多户居住的民居。
6	马连良故居	复兴门内大街10-3号	民国	马连良,京剧名家,1950年购置此宅院。宅院坐南朝北,为两进四合院,共有房三十三间。院正房均带前廊,院内有影壁、月亮门,方砖铺地,种有核桃、枣等果树。20世纪80年代,由全国政协开办成了"京昆室",后开办为饭馆。
7	鲁迅家族旧居	赵登禹路8号三十五中学内	民国	曾为鲁迅及其母亲、妻子、弟周作人一家人、弟周建人的住所,有前后两个院落,原地址为八道湾胡同11号。现胡同拆除,住所部分建筑被修缮开辟为"八道湾鲁迅纪念馆",对社会团体预约开放。
8	庄士敦故居	油漆作胡同1号、3号,西楼巷8号	清代	庄士敦1919年被聘为清逊帝溥仪老师后,溥仪为其租用了此院,为大型四合院。1924年,溥仪出宫后,庄士敦离开这里。现在院中许多建筑被拆除,为多户居住的民居。

续表

序号	名称	地址	建筑年代	备注
9	张之洞故居	白米斜街11号	清代	张之洞，清末官员、洋务派代表。他临终前在此处居住两年，其宅院原为三进四合院，院内建有二层砖木结构小楼（观景楼）。民国时期，张之洞后人曾将院内部分建筑售与北京大学教授冯友兰。冯友兰居住期间，邀请了亲戚哲学家张岱年夫妇入住，在闻一多遇害后，无偿提供房屋供其夫人高孝真和子女居住。高孝真居住期间曾接待多名进步青年暂住，这些进步青年后来又从这里奔赴晋察冀革命根据地。新中国成立后，此院成为石油部宿舍，数十年间住户不断增加。现院落格局和部分建筑（包括观景楼）仍留存。
10	蔡锷故居	棉花胡同53号		蔡锷，近代民主革命家、军事家，曾发起护国运动武装反对袁世凯称帝。此院落民国时期为袁世凯亲戚何姓盐商"借"与蔡锷居住，1913年至1915年，蔡锷在此院居住两年。此院为两进四合院，建筑较精致、保存较好，现为多户居住的民居。
11	溥杰故居	护国寺街52号		溥杰，清逊帝溥仪弟弟，曾为中国书法家协会名誉理事和全国人大代表。此宅院为一小型四合院，为溥杰继承的祖上遗产。溥杰晚年在此居住、著书、创作书法。

续表

序号	名称	地址	建筑年代	备注
12	傅增湘旧居	西四北五条13号	民国	傅增湘，教育家、藏书家，曾在天津、河北创办多所女子学校、师范学校，曾任北洋时期教育总长、故宫博物院图书馆馆长。其藏书巨丰，著有《藏园群书题记》《双鉴楼善本书目》《藏园群书经眼录》等。旧居为三进四合院（曾附带有花园），布局和广亮大门等部分建筑保存较好。现院内入住多户居民。
13	梁诗正旧居	杨梅竹斜街25号	清代	梁诗正，清乾隆期官员、书法家，晚年编纂汇集历代名家书法真迹的《三希堂法帖》。此宅院包括东西两路传统四合院，东路两进、西路四进。据传，此宅邸为乾隆赐予梁诗正，寓名"清勤堂"，现布局和部分建筑仍保存较好，为多户居住的民居。
14	陈宝琛旧居	灵境胡同33号、37号	清	陈宝琛，清朝末期官员、溥仪老师。2013年，在旧居旁的学校扩建开展拆除工作中，被热心文物保护的公益人士发现，后被文物行政管理部门认定为文物建筑。旧居保存了原有建筑布局和部分建筑，较为精致。
15	继禄家宅	德胜门内大街265号	清	继禄，清代官员。此宅曾为老北京"八大宅门"之一，由居住区域和花园组成。如今古代建筑只剩下一座广亮大门和一进传统四合院。

二、东城区

序号	名称	地址	建筑年代	备注
1	梁实秋旧居	内务部街39号	清代	梁实秋，中国现当代文学家。故居为其民国时期住所，宅院是由5个小院组成的三进四合院，是其祖父购买，梁实秋出生于此并在院内生活数十年。现故居仍保持了原有格局和部分建筑，为多户居住的民居。
2	李济深旧居	西总布胡同9号	民国	李济深，政治家，1949年，任国家副主席。此宅院为1949年政府为其安排的住所，占地2000平方米，1953年在院内增建三层楼房，在庭院中种植花草树木。1959年，李济深去世后，家属交还国家。1965年，李宗仁夫妇入住，其去世后再次收归国有，现为办公场所。
3	大学士耆英宅	钱粮胡同19号、21号及育群胡同20号、甲20号	清	耆英，清代官员，曾代表清政府与英帝国签署《南京条约》。耆英宅为清代官式大型宅院，保存有东中西三路各六进院落。国学大师章太炎1914年曾被袁世凯软禁于此，其弟子国学大师黄侃曾与其同住，弟子鲁迅曾多次来探望。
4	黎元洪旧居	王府井大街27号	清	黎元洪，中华民国第二任大总统。旧居原为明代东厂，民国初年黎元洪入住，新中国成立后为中国社会科学院考古研究所办公场所。旧居保存了较少的几座传统建筑和假山。

续表

序号	名称	地址	建筑年代	备注
5	路易·艾黎旧居	台基厂大街1号	清	路易·艾黎，新西兰人，1927年来到中国，先后开展教育、工业、慈善、国际交流等工作，撰写大量文章向世界介绍中国。旧居位于中国人民对外友好协会大院内二层西式小楼中。从1958年直到1987年，他在此居住了29年，90岁去世。旧居所在的这幢楼房初建于1902年，整个院落在清代末期为意大利驻华使馆。美国进步女记者和作家、中国人民的朋友安娜·路易斯·斯特朗曾住在此楼一层，1970年她去世后，路易·艾黎从原居住的二层搬入一层。

三、海淀区

名称	地址	建筑年代	备注
圣-琼·佩斯故居	苏家坨镇管家岭村	民国	圣-琼·佩斯，法国诗人。曾多年在北京西山游览采风，创作文学巨著《远征》，1960年获得诺贝尔文学奖。他与贝熙业为好友，二人居住地相距较近，经常往来。旧居为"近现代重要史迹及代表性建筑"，现存建筑为中式传统院落，有青砖灰瓦门楼一座、七开间平房一排。管理使用单位为北京海房投资管理集团有限公司，未开放。

公布为北京市历史建筑的名人故居名单

序号	名称	地址	建筑年代	备注
1	完颜氏王衡光旧居	东城区柴棒胡同 55 号	清	传统四合院建筑
2	陆宗舆旧居	东城区北极阁三条 22 号	民国	西式楼房建筑
3	溥仪故居	西城区西四北二条 59 号	民国	四合院建筑
4	吴晗故居	西城区头发胡同 1 号	民国	传统四合院建筑
5	杜近芳旧居	东城区地安门东大街 63 号	民国	传统四合院建筑
6	钱三强旧居	东城区地安门东大街 84 号	民国	传统四合院建筑
7	载涛旧居	东城区山老胡同 7 号	清	传统四合院建筑
8	徐世昌旧居	东城区东四六条 44 号	清	传统四合院建筑
9	茅以升故居	东城区干面胡同 33 号	民国	传统四合院建筑
10	吴素秋旧居	东城区銮庆胡同 28 号	民国	传统四合院建筑

续表

序号	名称	地址	建筑年代	备注
11	胡适故居	西城区地安门米粮库 4 号	民国	传统四合院建筑
12	曹锟故居	西城区小茶叶胡同 33 号	民国	传统四合院建筑
13	金仲仁故居	西城区魏染胡同 9 号	民国	传统四合院建筑
14	新凤霞故居	西城区樱桃斜街 27 号	民国	传统四合院建筑
15	杨锐故居	西城区储库营胡同 17 号	民国	传统四合院建筑
16	陈叔通故居	西城区头发胡同 56 号	民国	传统四合院建筑
17	童芷苓故居	西城区鹞儿胡同 37 号	民国	传统四合院建筑
18	叶盛兰故居	西城区棉花五条 7 号	民国	传统四合院建筑
19	裘盛戎故居	西城区前门西河沿 215 号	民国	传统四合院建筑
20	阎岚秋故居	西城区笤帚胡同 29 号	民国	传统四合院建筑

注：北京市历史建筑，由北京市规划自然资源委员会、市住房城乡建设委员会、市农业农村局、市文物局组成的联合工作小组共同开展确定工作，由北京市规划自然资源委员会发布。